KB040092

멘탈을 회복하는 연습

The Art of Letting GO
: How to Let Go of the Past, Look Forward to the Future,
and Finally Enjoy the Emotional Freedom You Deserve!
by Damon Zahariades

Copyright © 2022 by Damon Zahariades
All rights reserved.

Translated and published by Sam & Parkers, Co., Ltd. in 2023 with permission
from the Art of Productivity and DZ Publications.
This translated work is based on The Art of Letting GO by Damon Zahariades. All rights reserved.
The Art of Productivituy/DZ Publications is not affiliated with
Sam & Parkers Co., Ltd or responsible for the quality of this translated work.
Translation arrangement managed Russo Rights and KCC(Korea Copyright Center Inc.),
Seoul on behalf of Art of Productivity and DZ Publications.

이 책은 (주)한국저작권센터(KCC)를 통한 저작권자와의 독점계약으로 쌤앤파커스에서 출간되었습니다.
저작권법에 의해 한국 내에서 보호를 받는 저작물이므로 무단전재와 복제를 금합니다.

후회와 미련은 접고 다시 앞으로 나아가기 위한 두뇌 재훈련 프로젝트

멘탈을 회복하는 연습

The Art of Letting GO

데이먼 자하리아데스 지음 | 안솔비 옮김

서三삼독

2020년에 출간한 《멘탈이 강해지는 연습》은 예상을 훌쩍 뛰어넘는 큰 성공을 거뒀다. 현재도 아마존에 4,000개가 넘는 리뷰가 계속해서 달리고 있으며 이 책을 읽고 나와 이야기를 나누고 싶다는 독자들의 연락이 끊기지 않는다. 그런데 독자들의 리뷰나 편지에서 공통적으로 발견한 질문이 있다.

"멘탈이 완전히 박살 나서 어디서부터 어떻게 시작해야 할지도 모를 땐 어떻게 해야 하죠?"

그렇다. 강한 멘탈을 만들고 싶어도 너무 큰 상처를 받아서, 도저히 과거의 후회와 미련을 접을 수가 없어서, 잠깐 넘어진 줄 알았는데 수렁에 빠진 것처럼 한 발자국도 앞으로 나갈 수 없는 상황에 처한 사람들이 있었던 것이다. 이를테면 나는 다리를 다쳐서 걷기조차 쉽지 않은 사람에게 빠르게 뛰는 법을 가르쳐 준 셈이었다.

멘탈이 강해지기 이전에 회복이 되어야 하는 사람들도 있다는 사실을 놓치고 있었다는 것을 깨달은 뒤 나는 다시 차분하게 사람들의 고민들을 정리해 보았다.

"그 누구보다 성실하게 일했고 성과도 좋았던 회사에서 하루아침에 쫓겨나게 되었습니다. 이렇게 버려지고 나니 멘탈 회복이 안 됩니다."

"친구들도 안 만나고 집에 틀어박혀 2년 동안 준비한 시험에서 떨어지고 아무것도 할 수가 없습니다. 더 열심히 했어야 했나 후회만 남아요. 처음부터 다시 시작해야 한다고 생각하니 엄두가 안 나요."

"정말 사랑했던 사람에게 큰 배신을 당하고 난 뒤 새로운 사람을 만나기가 두려워요. 그런데 제 마음속 한구석에서는 계속 그 사람이 생각나요."

"몇 번이나 사업을 실패하고 정말 마지막이라는 생각으로 독하게 준비해서 새로운 사업을 시작하기 직전입니다. 그런데 마음 한켠에서 '이번에도 망하면 어떡하지'라는 생각 때문에 불안합니다. 저는 사업을 하지 말아야 하는 사람인 걸까요? 여기서 멈춰야 할까요?"

혹시 당신도 나처럼 공통점을 발견했는가?

사람들은 모두 자신을 발목 잡고 있는 과거의 일 때문에 괴로워하고 있었다. 분명 나는 성실하고 일도 잘하는 사람인데 회사에서 쫓겨났다는 사실에 발목 잡혀서, 시험에 떨어지고 사업에 실패했다는 과

거 때문에, 이미 떠나간 사람에게 미련이 남아서, 부정적인 생각과
감정을 짊어지고 어찌할 바를 모르고 있었다.

부정적인 감정은 저마다의 고통스러운 기억에서 비롯된다. 마음
아픈 상실이나 어긋난 기대, 꿈이 산산조각나면서 자라난 견디기 힘
든 실망감 때문이기도 하다. 매일 우리를 괴롭히는 스트레스와 위기
로 인한 분노, 억울함, 좌절감이 원인일 때도 있다.

그런데 이런 부정적인 생각과 감정은 마음가짐과 건강, 인간관계
에 악영향을 준다. 매사에 최선을 다하지 못하게 가로막고, 사고방식
을 왜곡하며, 원하는 것을 향해 힘껏 달려가야 하는 순간에 머뭇거리
게 만든다. 절망적이고 패배주의적인 태도는 행복과 성공으로 가는
길에 걸림돌이 되어 삶의 질을 떨어뜨린다.

그렇기 때문에 멘탈 회복을 향한 첫 번째 단계는 마음의 짐이 되
는 좌절감, 후회, 고통스러운 기억과의 결별이다. 마치 족쇄처럼 나
를 붙잡고 있던 것들을 끊어 내면 감정적 자유를 경험할 수 있다. 이
자유는 우리의 행동과 선택, 자아를 인식하는 수준은 물론 주변 사람
들과의 관계에도 영향을 미친다. 홀가분하게 현재에 집중해서 충실

히 살아갈 수 있게 만들어 준다. 즉, 내가 진정으로 중요하게 생각하는 일에 백 퍼센트 집중할 수 있다. 이런 측면에서 놓아 버린다는 것은 포기나 회피가 아니라 능동적이고 적극적인 결단이자 행동이다.

　그렇다면 어떻게 해야 집착을 버리고 과거를 떠나보낼 수 있을까?
　흔히 사람들은 누군가 과거의 일로 괴로워하면 아주 쉽게 이렇게 말한다.
　"이미 지나간 일은 그냥 좀 내려놔."
　"이제 그만 괴로워하고 놓아줘."
　"더 이상 뭘 할 수 있겠어?"
　하지만 어떻게 해야 그만할 수 있을까? 나를 괴롭히는 모든 일과 감정을 '내려놓고 놓아주라니' 그건 도대체 무슨 뜻일까? 이 말만큼 막연하고, 뜬구름 잡는 이야기 같은 말도 없다. '명상이나 마음수련과 관련된 말 아닌가?'라고 생각하는 사람도 있을 것이다. 스트레스 없는 행복한 삶을 내세우며 부정적인 생각과 고민을 지나치게 단순화한 이런 충고는 구체적으로 어떻게 하라는 것인지 알 수 없게 만들어 버리는 경향도 있다.

내가 이 책에서 말하는 멘탈 회복을 위한 '놓아 버리기'라는 개념은 마음에 빌붙어 사는 슬픔이나 괴로움, 심적 부담, 부정적인 생각 등에 대한 무집착, 즉 집착이 없는 상태를 말한다.

그런데 이 부정적인 생각과 감정은 우리가 생각했던 것보다 훨씬 오래된 것이라서 우리 자신의 일부가 되기도 한다. 그 시점이 되면 이들을 분간하기가 매우 어려워진다. 혹은 분노와 후회, 정서적 고통을 넘어섰다고 생각했는데, 사실은 깊은 내면까지 파고 들어가 마음의 풍경 안에 이미 자리 잡고 있을지도 모른다.

놓아 버리기란 쉬운 일이 아니다. 대부분의 사람들이 오랜 시간 동안 무언가에 집착하도록 자신도 모르게 훈련되었기 때문에 사고방식을 아예 다시 재구성하는 수준의 힘든 싸움을 해야 한다. 멘탈을 회복시킨다는 것의 의미를 여행을 떠나 기분을 환기시킨다거나, 나를 응원해 주는 친구들을 만나 다시 힘을 얻는 정도로 생각했다면 이 책을 쓰지 않았을 것이다.

그러나 너무 겁먹지 않기를 바란다. 지금 우리의 발목을 잡는 정신적·감정적 방해물들을 극복할 수 있도록, 그래서 다시 멘탈을 회복시켜 힘차게 앞으로 나아갈 수 있도록 실행 가능한 기술과 전략에 집중하려고 한다.

이미 많은 책이 이 주제를 심리학적 측면에서 깊게 다루고 있다. 이 또한 좋은 접근이며 일부 독자들에게 도움이 될 것이라고 생각한다. 하지만 여기서는 조금 다르게 접근해서, 실용적인 측면을 가장 중요한 기준으로 삼았다. 즉, 최대한 이해하기 쉽고 간결하게, 삶을 '변화'시키고 싶다는 목표에 가장 어울리는 방식으로 구성되었다.

파트 1에서는 놓아주기를 익히기 위한 초석을 다진다. 놓아주기의 진정한 의미가 무엇이며, 우리가 무언가에 집착하느라 해를 입고 있음을 알려 주는 신호가 무엇인지 살펴본다. 그리고 놓아주고 나면 우리 삶이 어떻게 달라지는지 자세히 알아본다. 사람들이 감정적 대가가 따르더라도 집착하게 되는 가장 흔한 문제들은 무엇이며 우리의 마음이 내려놓기를 어떻게 거부하는지도 살펴본다.

파트 2에서는 집착을 쉽게 그만두지 못하는 이유를 정리하면서 우리 뇌와 마음이 부정적인 감정을 내려놓지 못하도록 어떻게 길들여졌는지를 알아본다. 파트 3에서는 멘탈을 회복시켜서 다시 앞으로 나아가기 위해 즉시 활용할 수 있는 방법을 담았다. 특히 바로 적용할 수 있는 방법과 실용적인 팁, 조언을 담은 실전 트레이닝이 함께 제공된다. 실전 트레이닝 페이지는 당신이 가지고 있는 문제를 직접 해결할 수 있도록 충분한 여백을 두고 구성되었다. 펜을 들고 당신의 솔직한 속마음을 적어 보라. 책이 지저분해지는 게 싫다면 포스트잇이나 다른 노트를 사용해도 좋다. 막연하게 머릿속을 떠돌아다니던 생각을 적고 눈으로 확인하는 것이 제일 중요하다.

당신에게 꼭 부탁하고 싶은 것은 실전 트레이닝을 그냥 지나치지 말라는 것이다. 이 트레이닝들은 각 글에서 설명한 개념을 보강하기 위한 것으로, 단순히 눈으로 읽는 것에 그치지 않고 당신의 삶에 실제로 적용할 수 있게 도와준다. 이 단계를 거치지 않으면 책으로 읽은 것은 당신 삶에 아무런 영향을 미치지 않는다. 정말로 당신의 발목을 잡았던 것들을 모두 끊어 내고 삶을 변화시키고 싶다면 실전 트레이닝에 반드시 참여하길 바란다. 그래야 이 책의 가치를 온전히 누릴 수 있다.

당신이 가진 가능성은 무한하지만 몸을 무겁게 만드는 짐을 내려 놓지 않고서는 더 멀리, 더 빠르게, 더 행복하게 달려 나갈 수 없다.

조급해하지 말고 천천히 차분하게 트레이닝에 참여한다면 이미 자리 잡은 사고방식에 맞서 더 새롭고 건강한 사고방식을 습득할 수 있을 것이다.

당신이 미련을 내려놓고, 정신적·감정적·신체적 심지어 영혼의 자유까지 만끽할 수 있는 도구들을 이 책에서 얻어 가길 간절히 바란다. 진정한 자유를 쫓을 준비가 되었다면, 소매를 걷어붙이고 시작해 보자.

차
례

들어가며   4

PART
1
무너진 멘탈을
회복시킨다는 것의 의미

· 멘탈 회복은 왜 놓아 버림으로 시작되는가   20
· 이제는 정신 차리고 멘탈을 다독여야 한다는 신호들   25
· 후회와 미련, 과거를 떠나보내고 우리가 얻게 될 것들   32
· 반드시 놓아 버려야 할 스무 가지 문제들   40

PART
2
고통스러운 과거를
놓지 못하게 만드는 나쁜 생각들

· 변화가 너무나 두렵다   62
· 바로잡을 수 있는 기회가 있을지도 모른다   65

• 이미 너무 많은 것을 투자해서 포기할 수가 없다   68

• 모든 문제는 '나 때문에' 일어났다   71

• 내가 틀렸다는 사실을 인정하고 싶지 않다   74

• 지나고 나니 좋은 점만 떠오른다   77

• 과거의 나를 버릴 수가 없다   81

• 부정적인 감정과 생각에 이미 중독됐다   84

• 이 경험이 훗날 유용할지도 모른다   87

PART 3   발목 잡는 과거를 끊어 내고 거침없이 나아가기 위한 스물한 가지 전략

• 전략 1: 오늘부터 과거를 놓아 버리겠다고 선언한다   94

• 전략 2: 감정의 영향력이 어느 정도인지 파악한다   100

- 전략 3: 부정적인 감정의 배출구를 찾아 기분을 바꿔 준다   105

- 전략 4: 나의 욕구가 충족되고 있는지 확인한다   109

- 전략 5: 내 삶의 목적을 찾는다   114

- 전략 6: 지금 너무나 고통스럽다는 사실을 인정한다   120

- 전략 7: 후회 속에서 미래를 위한 통찰을 찾아낸다   125

- 전략 8: 이상적인 자아는 환상에 불과하다는 사실을 인정한다   130

- 전략 9: 자존심을 굽히고 인간의 불완전성을 받아들인다   135

- 전략 10: 죄책감과 수치심이 아무 도움이 되지 않음을 인정한다   140

- 전략 11: 타인의 생각을 신경 쓰지 않는다   145

- 전략 12: 모든 사람을 행복하게 하려고 애쓰지 않는다   150

- 전략 13: 행복해져야 한다는 강박을 내려놓는다   155

- 전략 14: 의사결정 과정에 문제가 없는지 따져 본다   160

- 전략 15: 게으름의 늪에 빠진 것은 아닌지 확인한다   165

- 전략 16: 한 줄이라도 감사 일기를 쓴다   171

- 전략 17: 남 탓하는 버릇을 버리고 문제 해결에 집중한다   176

- 전략 18: 모든 것을 통제할 수 없음을 인정한다   182

· 전략 19: 인간관계에 점수를 매기지 않는다   189

· 전략 20: 불필요한 헌신을 하지 않는다   194

· 전략 21: 상대방은 물론 나 자신을 용서하는 법을 배운다   200

· 보너스 전략 1: 멘탈이 강해지는 과정이라고 생각한다   206

· 보너스 전략 2: 기대가 충족되지 않아도 현실을 받아들인다   211

· 보너스 전략 3: 내면의 비평가에게 "그거 사실이야?"라고 되묻는다   215

나오며   221

"인생은 흘러간다. 그러니 우리도 그래야 한다."

_스펜서 존슨(Spencer johnson)

무너진 멘탈을
회복시킨다는 것의 의미

• • •

인생을 살아가면서 후회를 피할 수는 없다. 사람은 누구나 실수를 한다. 잘못된 선택을 하기도 한다. 우리는 중대하고 의미 있는 상실을 경험하며, 그걸 우리 힘으로 막을 수 있다고 믿지만 대부분은 그렇지 않다.

그렇다고 해서 후회에 아무런 가치가 없는 것은 아니다. 후회는 삶에 보탬이 된다. 우리에게 가르침을 주고 똑같은 실수와 잘못된 선택을 되풀이하지 않도록 도와준다. 하지만 마음속에서 덧나게 두고 과거의 잘못을 거듭해서 떠올린다면 후회는 감정의 방해물이 될 것이다. 그러다가 결국 우리는 머릿속에서 거짓된 이야기를 꾸며낸다. 나는 올바른 선택을 할 수 없고, 그래서 원하는 것을 얻을 자격이 없다는 말로 자신을 납득시킨다.

이런 상황이 되면 우리는 벽에 가로막힌다. 실망하고 좌절하고 스트레스를 받는다. 가장 최악의 상황은 현재의 궁지가 오롯이 자기 잘못이며 긍정적인 변화를 일으킬 수 없다고 믿는 것이다. 그렇게 무력해지고 만다. 후회를 통해 앞으로 나아가는 것이 아니라 지금의 자리에 주저앉아 버리게 된다.

상처받고 약해진 멘탈을 다시 회복시키고 싶다면, 일단 과거에서 비롯된 후회와 미련을 모두 놓아 버려야 한다. 그러고 나면 불필요한 죄책감과 자책에서 벗어나 마침내 자신의 관심사와 바람을 추구할 수 있다. '나는 좋은 결과를 얻을 수 있으며 무엇보다도 그 결과가 대부분 나의 통제 아래에 있다'라는 기대를 가지고 인생을 살아갈 수 있다.

물론 좌절, 실망, 불안, 자책의 감정을 버리는 것이 말처럼 쉬운 일은 아니다. 이러한 감정은 보통 인생의 다섯 가지 영역에 깊게 뿌리를 내리고 있다.

1. 인간관계: 가족, 배우자, 친구 등
2. 몸과 마음의 건강
3. 자기 성장: 교육적·정서적·정신적 측면
4. 경력 문제: 사업이나 이직 같은 도전을 포함
5. 재정적 문제

앞으로 이러한 감정들에 대한 집착을 버리는 '무집착 정신(non attachment ethos)'을 받아들이기 위한 기반을 다질 예정이다. 새로운 마음가짐은 위에서 언급한 각 영역에 긍정적인 영향을 줄 것이다. 나를 붙잡고 놓아주지 않았던 감정을 정리해야 할 때가 언제인지 확실히 아는 법과 지금 당장 놓아 버려야 하는 이유를 배우고 나면 그에 대한 보상도 얻을 수 있다.

멘탈 회복은

왜
놓아 버림으로
시작되는가

"포기하는 것과
내려놓는 것은
전혀 다른 문제다."

_제시카 하치건(Jessica Hatchigan)

우리가 무언가를 고수하는 이유는 그 일이 자기에게 중요하기 때문이다. 그래서 그와 관련된 상황이 바뀌면 적응하는 데 어려움을 겪는다. 우리의 감정이 새로운 상황을 받아들이지 못한다.

당신이 어떠한 행동으로 인해 일자리를 잃게 되었다고 가정해 보자. 만약 직장이 당신의 정체성을 이루는 중요한 요소였다면 해고당했다는 사실을 받아들이기 힘들 것이다. 분노나 실망을 느낄 수 있고, 만약 자기 행동을 후회하고 있다면 자책을 느끼는 것은 당연하다.

또는 당신과 배우자가 이혼이라는 마침표를 찍었을 수도 있다. 결혼이 당신에게 큰 의미라면 파경은 직면하기 힘든 사건일 것이다. 분노와 실망, 후회의 감정이 차오른다. 이러한 감정이 남아 있는 한 새로운 상황에 적응하기란 매우 힘들다. 멘탈이 너덜너덜해져서 수습하기가 어렵고, "나는 괜찮다"라고 아무리 되뇌여도 사실은 괜찮지가 않다.

가장 이상적인 대처법은 부정적인 감정을 정면으로 맞서고, 건강한 태도로 감정을 처리한 뒤 다시 인생을 살아가는 것이다. 새로운 직장을 구하거나 당신에게 큰 의미가 될 새로운 사람을 만나는 것처럼 말이다.

하지만 우리는 너무 자주 이미 지나간 사건에 집착한다. 과거를 되찾을 수 있다는 생각에 빠져 미련을 버리지 못한다. 이것이 바로 슬픔의 타협 단계다. 자연스러운 반응이지만 다음 단계로 넘어가지 못한다면 현재를 살아가는 데 방해가 되기도 한다. 우리에게 잘못된 통제력을 쥐어 준다.

집착을 내려놓는 것은 새롭게 바뀐 상황을 인정하는 것부터 시작한다. 절실히 되찾고 싶은 과거에 집착하지 않고 현실을 수용한다. 더 이상 과거에 머무르지 않으려고 노력한다. 그리고 우리의 통제를 벗어난 과거로부터 자신을 분리한다. 이런 과정을 반드시 거쳐야 무너진 멘탈을 서서히 회복시킬 수 있다.

내 잘못으로 직장을 잃었다는 사실을 인정하거나 결혼 생활이 끝났다는 사실을 직시해야 한다. 가장 중요한 건 이미 일어난 일을 바꿀 수 없다는 사실을 받아들이는 것이다. 그러면 모든 일이 어긋난 것처럼 보이는 타협 단계에서 벗어나 마침내 고통스러운 후회와 실망이 누그러지는 수용 단계에 접어들게 된다. 비로소 "조금은 괜찮아진 것 같아"라고 말할 수 있게 된다.

놓아 버린다는 것의
진정한 의미

'놓아 버림' 혹은 '내려놓기'는 때로 불편한 감정을 회피한다는 오해를 받는다. 부정적인 생각과 감정을 수용하지 않고 그냥 포기해 버리는 경우와 혼동되기 때문이다. 하지만 이것은 놓아 버림이 아니다. 오히려 끝없는 무감정의 상태로 이어지게 하는 위험하고 건강하지 못한 태도다. 불편한 감정을 외면하다가 감정이 없는 상태를 넘어 냉담한 태도를 수용하게 되기 때문이다. 겉보기에는 강해 보이고 문제없어 보일지 모르지만, 사실상 조각조각 난 멘탈을 간신히 그러모아 버티고 있는 것에 불과하다.

이렇게 행동하는 이유는 스트레스와 슬픔, 고통스러운 감정으로부터 자기 자신을 보호하기 위함이다. 하지만 불행하게도 이러한 태도는 충분히 느껴야 할 타당하고 마땅한 감정을 받아들이고 건강하게 처리할 기회를 놓치게 하기 때문에 매우 해롭다.

과거를 놓아주기 위한 적절한 방법은 부정적인 생각과 감정을 인정하고, 왜 그런 감정을 느끼는지 파악한 뒤, 부정과 타협의 단계에서 수용의 단계로 넘어가는 것이다. 이 과정에서 두 가지 중요한 변화가 일어난다.

첫째, 감정 회복력을 키울 수 있다. 감정을 억누르거나 회피하지 않고 똑바로 마주하는 동안 헤쳐 나가는 방법을 저절로 터득하게 된다.

둘째, 과거에 집착하지 않는 태도를 배울 수 있다. 현재의 감정을 인정하고, 자세히 들여다본 뒤, 부정적인 감정을 내려놓고, 새로운 상황을 받아들이게 된다. 과거에 집착하는 것은 건강하지 못하다는 것을 깨닫고, 불편한 감정을 한쪽에 치워 두기보다는 해결하기 위해 노력할 것이다.

진심으로 고통스러운 기억과 후회, 좌절, 불행을 접고 미래로 나아가고 싶다면 반드시 자신의 감정에 똑바로 맞서는 과정을 거쳐야 한다.

이제는
정신 차리고

멘탈을
다독여야 한다는
신호들

"무언가를 놓지 않고 꿋꿋이 버티는 것이
강인함의 상징이라고 믿는 사람도 있다.
하지만 언제 놓아주어야 할지를 알고
실제로 행동에 옮기는 데 더 큰 힘이 필요할 때도 있는 법이다."

_앤 랜더스(Ann Landers)

사람의 마음은 감정을 숨기는 능력이 있다. 이 능력은 강점인 동시에 약점이다. 처음에는 우리를 감정으로부터 보호하는 역할을 한다. 자신의 감정을 모르면 불안과 좌절은 물론 자아상을 향한 위협까지 피할 수 있다.

안타까운 사실은 회피하는 태도가 우리의 감정 상태를 빠르게 악화시킨다는 점이다. 자기 감정이 어떤지 모르는 상태가 지속되고, 그래서 스트레스와 고통을 안겨 주는 부정적인 생각에 맞서지 못한다. 즉, 감정을 직시하지 못하면 제대로 해결할 수도 없다.

하지만 부정적인 감정에 휩싸여서 멘탈이 약해진 상황에서는 현재 내가 얼마나 힘든지 알아차리기 어렵다. 이제는 건강한 태도로 감정을 처리하고 놓아주어야 할 타이밍이라는 것을 깨닫지 못하는 것이다.

우리가 부정적인 영향력을 가진 특정 문제에 집착하고 있기 때문에 감정을 인식하고 멘탈을 다독여야 할 타이밍이라는 것을 알려 주는 신호들을 살펴보자. 이 중 하나라도 겪고 있다면 정신을 차리고 그 이유를 찾아야 한다.

스스로 질문을 던져라.

"나는 무엇에 집착하고 있기에 이러한 감정을 느끼고 있을까?"

╯

끝없는 좌절을
느낀다

좌절감은 겉으로 드러나지 않는다. 온종일 표면 아래에 숨어서 가득 차오르고 있다.

좌절감은 보통 무력감에서 기인한다. 현재의 고통스러운 상황을 바꿀 수 없다고 생각하는 것이다. 그래서 죄책감, 불안, 슬픔과 같은 다양한 괴로운 감정을 끊임없이 일으킬 수 있다.

╯

특정 사건을
계속 곱씹는다

최근 일이든 오래된 일이든 상관없다. 단순히 과거의 중요한 기억을 회상하는 것과 고통스러운 감정을 유발하는 기억을 거듭해서 곱씹는 것은 완전히 다르다. 예를 들어 직장에서 지독하게 괴롭히는 동료가 있다거나 사랑하는 사람과 이별했을 때, 또는 중요한 투자를 결정

했지만 잘못된 것이었음을 깨달은 경우는 아무리 많은 시간이 지나도 계속 그때를 떠올리며 괴로워한다.

과거는 우리의 정체성에 영향을 준다. 현재 상황을 파악할 수 있는 넓은 식견을 주기도 하고, 문제를 해결하고 감정을 처리하는 도구의 역할도 한다. 하지만 과거에 있었던 불행한 사건에만 집착하면 우리는 고통스러워지고, 역설적이게도 그 일에 더 매달리게 된다. 결국 하나의 사건이 우리의 관심을 온통 독차지한다.

자기 연민에
빠져 있다

자기 연민은 다양한 내적·외적 요인에 의해 발생한다. 매일매일 나빠지는 연인 관계나 상사의 불공평한 대우, 최선을 다했지만 인정받지 못한 억울한 경험, 영원히 손에 닿을 것 같지 않은 목표 등이 우리를 자기 연민에 빠지게 한다.

좌절감과 마찬가지로, 자기 연민은 특정 상황을 스스로 제어할 수 없다고 느낄 때 생긴다. 즉 통제권이 없다고 느끼기 때문에 자기의 처지를 안쓰럽게 여긴다.

현명한 선택이 아닌데도
결정을 합리화한다

무모하고 경솔한 행동이었다는 사실이 명백히 드러났음에도 자신의 행동을 정당화하는 것도 멘탈 회복을 방해하고 부정적인 감정을 더 굵게 만드는 집착 중 하나다.

예를 들어 바람피운 배우자의 곁을 떠나지 않고 애써 '살려 낸' 부부 관계가 당신을 더 비참하게 만들어도 자신의 결정을 옹호한다. 또는 순간적인 감정의 폭발을 다스리지 못하고 폭력적인 행동을 한 후 부끄럽고 수치스러운 감정을 느꼈음에도 자기 행동을 합리화하는 식이다.

우리가 자신의 결정과 행동을 정당화하려고 애쓰는 이유는 자존심 때문이다. 그렇기 때문에 더더욱 자기가 느끼는 감정을 정확히 판단해야 한다.

감정의 고갈을
느낀다

사실 가장 알아채기 어려운 신호이기도 하다. 감정의 소모는 천천히 일어나고, 점진적으로 커지기 때문에 간과하기 쉽고 대처하기도 어렵다. 미지근한 물에 넣은 개구리 이야기와 상황이 비슷하다. 물의 온도가 끓는점까지 서서히 올라가면 개구리는 위험을 감지하지 못한다. 아마 죽을 때까지 냄비에서 빠져나오지 못할 것이다.

사람들은 감정 소모의 원인이 출퇴근의 고단함이나 떼쓰는 아이 돌보기와 같은 일터나 가정에서의 일상적인 스트레스라고 오인하기도 한다. 그러나 실제로는 우리가 집착하는 과거에 대한 스트레스나 불안감, 후회 때문일 때가 많다.

가장 최근에 행복했던 순간을
떠올리지 못한다

만성 불행은 일상 속의 소소한 스트레스에서 발생하지 않는다. 소셜 미디어에 중독되거나 무언가를 끊임없이 사들이며 물욕을 채울 때, 또는 단절된 인간관계로 인해 상호작용이 부족할 때 불행을 느낄 수는 있지만 이러한 요인들이 만성 불행으로 이어지는 경우는 드물다.

만약 가장 최근에 행복했던 순간을 떠올릴 수 없다면 당신은 지금 고통스러운 기억이나 마음 아픈 상실, 잘못된 기대로 인해 후회만 남은 선택에 집착하고 있을지도 모른다. 모든 관심이 과거에만 쏠려 있어서 하루 동안 누릴 수 있는 작은 기쁨들은 희미해졌을 것이다.

이러한 감정을 해결하지 않고 그대로 놔두면 우울증으로 자라나거나 감정적·사회적 고립으로 이어질 수 있다.

이와 같은 신호를 감지하면 어떻게 해야 할까?

이제는 정말 멘탈을 회복시켜서 앞으로 나아가야 할 때라는 것을 되새겨야 한다. 그리고 위에서 언급한 부정적인 감정들을 왜 느끼고 있는지 이유를 찾는 것이 중요하다. 이유를 빨리 찾을수록 문제도 빨리 해결할 수 있다. 감정을 들여다보지 않고 그대로 놔둔다면 계속 팽창할 것이고, 내려놓기를 통해 얻을 수 있는 정서적 자유를 누리지 못하게 된다.

후회와 미련,
과거를 떠나보내고

우리가
얻게 될 것들

"모든 긴장을 내려놓으면,
우리 몸은 자연치유능력을 발동하기 시작한다."

_틱낫한(Thich Nhat Hanh)

이제는 조금 더 깊게 들어가 보자. 과거에 대한 후회와 미련, 부정적인 감정을 떠나보낸 뒤 멘탈이 회복하기 시작하면 얻게 될 모든 이점을 찬찬히 살펴본다면 무엇이 정말로 중요한지 확실히 이해할 수 있을 것이다.

개인적인 성장을
이룬다

어떤 일에 연연하게 되면 주의력을 한곳에만 쏟게 된다. 과거 또는 현재에 고통, 분노, 실망을 안겨 주었던 사건이 우리의 관심을 독차지하고 다른 데에는 신경을 쓸 여력이 없다. 그러나 고통스럽고 불쾌한 기억을 놓아주고 나면 이 관심과 주의력을 인생의 모든 방면에서 더 나은 사람이 되는 데 활용할 수 있다.

마음의 회복력이
강해진다

부정적인 기억에 매달리면 자신감과 자존심, 그리고 정신적 회복력에 큰 부담을 안기게 된다. 우리는 서서히 지쳐 가고, 심지어는 우울함이 그 틈을 비집고 들어오기도 한다.

부정적인 기억을 놓아줘야 정신적 압박감을 벗어던질 수 있다. 자신감이 커지고, 자존감이 단단해지며, 인생의 스트레스 요인에 대항하는 회복력을 다시 구축할 수 있다.

몸이
건강해진다

과거의 후회나 판단, 또는 개인적인 양심에 감정적으로 집착하는 것은 우리 신체에도 상당한 부담이다. 스트레스 수치가 올라가고, 혈압이 높아지며, 깊게 잠들지 못하기 때문이다. 과거와 자신을 분리하면 우리 몸에 부담이 되는 불필요한 스트레스에서 벗어나 건강한 몸을 유지할 수 있다.

╯

주변 사람과의 관계가
개선된다

과거의 아픈 기억에만 의존하면 건강한 인간관계를 쌓기 어렵다. 집착은 자기 자신을 인정하지 못하게 방해할 뿐만 아니라 다른 사람의 가치도 진정으로 인정하지 못하게 한다. 앞서 언급했듯이 고통을 안겨 준 사건이 우리의 주의력을 독차지하기 때문이다. 즉, 멘탈이 무너진 사람은 주변을 돌아볼 수 없다.

부정적인 감정을 놓아주면 자기 자신이나 다른 사람에게 마음을 쓸 수 있게 된다. 우리의 감정은 점점 더 현재에 머무르게 되며, 이로써 좋은 친구이자 좋은 배우자, 좋은 동료가 될 수 있다.

╯

다른 사람을 기쁘게 하는 데만
집중하지 않는다

우리는 종종 다른 사람들을 불쾌하게 하는 선택이나 행동을 하고, 그것 때문에 괴로워한다. 그 행동은 의도적이었든 아니든 개인적인 원한이나 분노, 억울한 감정을 유발하고, 오래도록 불쾌한 기억으로 남는다. 그래서 다른 사람들을 기분 나쁘게 하지 않기 위해, 기쁘게 만들기 위해 애쓰게 만든다.

부모님의 반대를 무릅쓰고 원하는 직업을 가진 뒤 갈등을 빚으며 괴로워하는 경우를 떠올려 보라. 이런 경험을 한번 겪고 나면 부모님을 만족시키려 애쓰는 아이의 입장에서 벗어나기가 쉽지 않다.

이런 과거를 놓아주고 나면 우리는 더 이상 타인을 기쁘게 하는 데만 몰두하지 않아도 된다. 그 대신 자신의 욕구를 우선시하고 내가 가진 자원을 가장 잘 활용할 수 있는 선택지에 집중할 수 있다.

더 큰 용기를 얻는다

후회를 남긴 선택이나 행동에 연연할수록 같은 행동을 반복할까 봐 더 두려워진다. 문제는 두려움이 커질수록 사소한 결정을 내리지 못하거나 한 걸음도 내딛지 못하는 지경에 이를 수 있다는 것이다.

나를 괴롭게 하는 과거의 실수를 향한 집착을 멈추면 행동의 결과를 합리적으로 판단할 수 있게 된다. 대부분의 경우 그 결과는 우리가 상상한 것만큼 그렇게 중요하지 않다. 이러한 사실을 깨닫고 나면 앞으로는 더욱 대담하게 행동할 수 있다.

적응력이
높아진다

괴로운 과거에 집착할 때 우리는 정신적으로 과거에 갇혀 있게 된다. 실현하지 못한 목표나 실패한 사랑, 과거의 좌절은 머릿속을 지배해서 현재의 변화를 받아들이고 적응하는 데 어려움을 겪는다.

과거를 놓아주면 변화를 잘 수용할 수 있다. 즉, 새로운 환경에 더 수월하게 적응한다. 환경의 변화는 개인의 성장과 행복의 밑거름이 되는 만큼 적응력이 좋아지는 것은 우리에게 매우 유익하다.

일상의 즐거움에
더 크게 감사한다

과거에 연연하면 현재의 즐거움을 느끼지 못한다. 매일 일어나는 작고 즐거운 경험들은 우리의 관심에서 벗어나 있다. 친구와 웃음을 나누고, 야외에서 짧은 산책을 즐기고, 매혹적인 소설에 마음을 빼앗길 기회를 놓친다.

무집착의 태도를 가지면 작은 기쁨에 감사할 수 있다. 고통스러운 기억과 후회에 더 이상 집착하지 않기 때문에 우리가 한때 놓치고 살았던 작은 기쁨과 보람찬 행복의 순간을 음미할 수 있다.

다른 사람에게
더 큰 공감을 느낀다

내 마음속 고통과 상실, 후회에 사로잡혀 있으면 다른 사람의 고통, 상실, 후회에 온전히 공감하기 어렵다. "남의 큰 상처보다 내 손톱 밑 가시가 더 아프다"라는 말도 있지 않은가. 자신의 아픔에 집착할수록 친구나 사랑하는 사람, 동료의 아픔을 이해하거나 공감할 수 없다.

내 감정을 놓아주고 나면 타인의 감정에 공감하고 마음을 헤아려 주기가 더 쉽다. 그래서 주변 사람들과 더 끈끈하게 연결된 느낌을 받는다. 타인의 성공을 아낌없이 축하하거나 좌절한 사람에게 용기를 불어넣어 줄 수 있다.

감정적 독립을
경험한다

고통스러운 과거에 매달리면 스스로 기쁨을 찾기가 어려워지고 아주 작은 행복도 외부에서 찾으려고 한다. 심지어 다른 사람이 우리의 흥미를 부추겨 주고 자존감을 세워 주며 정신적 자극을 주기만을 기다린다.

과거에 대한 미련을 버리면 '나의 행복을 좌우할 수 있는 사람은 나'라는 사실을 받아들이게 된다. 자기 자신이나 현재 상황을 긍정적으로 판단하기 위해 다른 사람에게 의존할 필요가 없다는 사실을 인정한다.

당신도 보았다시피 여기에는 인생의 많은 부분이 달려 있다. 현재와 미래의 행복은 인생의 걸림돌인 후회, 실망, 슬픔의 감정을 놓아 주는 데 얼마나 노력했는지에 좌우된다고 말해도 과언이 아니다.

놓아 버림이란 결코 쉬운 일이 아니다. 이미 언급했듯이, 쉬웠다면 이 책은 애초에 세상에 나올 필요가 없었을 것이다. 하지만 그렇다고 해서 완전히 불가능한 것도 아니다. 과거에 무슨 일이 있었든, 현재 상황이 어떠하든 상관없다.

사람들은 모두 나를 고통스럽게 하고 불안하게 하는 특별한 과거를 가지고 있다고 생각하지만, 사실 대체로 우리는 비슷한 스트레스 요인을 공유하고 있다. 세세하게는 다를 수 있으나 적어도 본질적으로는 똑같은 문제에 매달린다. 이제 사람들이 가장 흔하게 집착하다 결국 인생의 걸림돌로 만들어 버리는 문제들을 빠르게 살펴보려고 한다. 여러분이 평소에 겪는 문제들을 여럿 발견할 수 있을 것이다.

반드시
놓아 버려야 할

스무 가지
문제들

"놓아준다는 것은
영혼을 얽매는 과거의 이미지나 감정,
원한, 두려움, 집착, 실망을 떠나보내는 것을 말한다."

_잭 콘필드(Jack Kornfield)

고통스러운 기억에 매달리면 주변 사람들로부터 스스로를 고립시키게 된다. 친구나 사랑하는 사람이 우리의 아픔을 알아채고 도움의 손길을 내밀 때조차도 이 고통은 혼자만의 문제로 남겨야 할 것만 같은 생각이 든다. 이는 곧 외로움과 절망을 낳는다. 문제를 해결하지 못한 채 고립감만 점점 자라나서 그 누구도 자신의 고통을 이해할 수 없다고 믿는 지경에 이른다.

하지만 실제로 사람들은 인생의 다양한 지점에서 같은 고민을 한다. 아파하는 상황도 비슷하고, 그 기억을 놓지 못한 채 후회, 상실, 실망 등의 부정적인 감정에 매달리는 것도 비슷하다. 다른 사람들도 나와 같은 괴로운 감정이나 사건을 경험했고, 현재도 경험하고 있다는 사실을 인지하는 것만으로도 큰 위안이 될 것이다.

이러한 사실을 기억하며 많은 사람이 어려움을 겪는 스무 가지 문제에 대해 살펴보자. 이 문제들은 우리의 관심을 독차지하고, 긍정적인 마음을 무너뜨리며, 즐거움을 앗아 간다. 일상에서 진정한 행복과 감정의 자유를 누리지 못하게 방해한다.

여기에 정리한 스무 가지 목록이 모든 문제를 망라하는 것은 아니다. 어림도 없을 것이다. 하지만 많은 사람이 통제하기 어려워하는 감정적 고통의 보편적인 원인들로 구성되어 있다. 자신도 모르게 고개를 끄덕이며 "이거 완전히 내 이야기잖아"라는 생각이 들더라도 너무 놀라지 않기를 바란다.

1.
헤어진 연인

실패한 관계는 납득하기도, 잊어버리기도 힘들다. 우리는 본능적으로 실패한 관계에 대해 곰곰이 생각하고, 헤어진 이유를 낱낱이 찾는다. 때로는 자신을 비난하기도 한다. 헤어진다는 결정을 내리기 전에 관계를 회복하기 위해 가능한 모든 방법을 동원하는 노력을 기울였음에도 말이다.

헤어진 연인에 미련을 갖는 것은 적어도 잠깐이라면 자연스러운 일이다. 하지만 다시 인생을 살아가기 위해 언젠가는 그 관계를 놓아줄 수 있어야 한다.

2.

해로운 관계

해로운 관계는 쉽게 놓을 수 있을 것처럼 보인다. 이 관계에는 스트레스와 불안이 존재하고, 존경과 신뢰는 명백히 부재하기 때문이다. 그러나 오히려 해가 되는 관계가 벗어나기 가장 어려울 때도 있다. 서로에게 감정적으로 의존하게 되면서 상대에게 고통을 안겨 주고나 역시 고통받고 있음에도 불구하고 관계의 끈을 놓지 못한다.

해로운 관계에 빠진 채로 감정적 자유를 경험하기란 불가능하다. 상대의 곁에 남아 있을수록 건강한 관계를 맺을 수 없고, 그 관계가 주는 행복의 기회를 계속 놓치게 된다.

3.

질투

질투는 불안과 시기의 감정에서 피어난다. 우리는 현재 손에 쥐고 있는 것을 잃을까 봐 불안해하고 다른 사람의 행운을 시기한다. 사람들은 대체로 인간관계 속에서의 질투를 떠올리지만, 커리어나 재산 또는 다른 사람의 환경에 질투를 느낄 수도 있다. 이러한 감정을 잘 다스리지 않고 방치한다면 분노나 부족감, 심지어는 수치심을 느낄 수 있고, 이 모든 것은 우리의 자존심에 해를 입힌다.

4.
과거의 실패

우리는 실패를 내면화하는 경향이 있다. 인간관계나 사업, 투자, 시합, 시험, 면접에서의 실패가 우리 안에 남아 있다. 더 좋은 결과를 얻기 위해 할 수 있었던 다른 길은 없었을지 고뇌한다.

실패를 되새기는 건 현명한 일이다. 같은 실수를 되풀이하지 않도록 도와주기 때문이다. 하지만 실수에 집착하고 과거와 화해하지 않는다면 자책만 불러올 뿐이다. 여기에는 흔히 죄의식과 수치심이 뒤따르며, 결국 자기 효능감을 의심하게 된다.

5.
선택에 대한 후회

후회는 스스로 형편없었다고 생각하는 과거의 선택에서 비롯된다. 예를 들어, 나와 맞지 않는 사람과 결혼했거나 안 좋은 위치에 집을 샀거나 전공을 잘못 선택했을 수 있다. 이러한 후회에 집착하는 이유는 다른 선택만 했더라도 자기 인생이 훨씬 더 행복했을 것이라고 믿기 때문이다.

하지만 과거는 바꿀 수 없다. 그럼에도 과거의 선택에 대한 후회
는 마음의 응어리로 남아서 결국 정체성의 일부가 된다. 자기 능력을
믿지 못하고 자존심에도 부정적인 영향을 끼친다.

6.
예기치 못한 불행

사람은 누구나 불행을 겪는다. 직장을 잃거나 건강이 쇠약해지거나
심각한 교통사고에 휘말리기도 한다. 강도를 당하기도 하고 소중한
사람을 갑작스럽게 잃기도 한다. 멀쩡하던 자동차가 파손되거나 집
에 도둑이 들기도 한다. 이런 사건이 일어나면 우리는 자연스럽게 자
신의 처지를 한탄하며 이렇게 묻는다. "왜 나한테는 항상 이런 일이
생기는 거야?"

신세 한탄을 하고 나면 속이 후련해질 수는 있지만, 여기에 계속
집착하면 절망의 문을 두드릴 수도 있다. 자기 자신을 불운의 희생양
으로 여기게 되고, 나는 희생양이라고 인정하는 순간 주체 의식을 잃
고 만다.

7.

이루지 못한 목표

사람들은 목표나 열망에 감정적으로 애착을 느끼기 쉽다. 자신이 목표를 이루는 모습을 시각화하고 그 결과로 얻게 될 성취감과 만족감을 반복해서 상상하는 동안 마치 그것이 나의 일부처럼 느껴지게 되기 때문이다. 하지만 이러한 애착은 양날의 검이다. 목표를 이루지 못하면 우리는 좌절하고, 실망하고, 무력감을 느낀다.

목표는 이루지 못했더라도 큰 가르침을 얻을 수 있다. 자신의 강점과 약점이 무엇인지 깨닫고, 인생을 새롭게 설정할 수 있다. 또한 집중력과 실행력을 높이는 법도 배우기도 한다. 하지만 이루지 못한 목표로부터 감정적으로 분리할 수 없다면 이러한 가르침을 전부 놓쳐 버릴 위험이 있다.

8.

타인의 평가

다른 사람의 평가를 받고 싶은 사람은 없을 것이다. 우리는 친구나 사랑하는 사람, 직장 동료, 심지어는 모르는 사람이 우리를 게으르거나 어리석고, 비정상적이거나 쓸모없다고 생각할까 봐 두렵다. 이러한 두려움을 방치하면 실질적인 결정이나 중요한 선택을 두고 겁을 먹거나 회피하게 된다. 결정이나 행동 자체를 거부함으로서 자신을 보호하는 것이다.

다른 사람의 평가에 집착하는 것은 암묵적으로 그들이 대신 결정을 내려도 된다고 인정하는 격이다. 정서적 건강 역시 다른 사람이 자신을 어떻게 생각하는지에 좌우된다. 이렇게 되면 더 이상 나의 인생이라고 부를 수 없다.

9.
타인의 원한과 분노

사람은 본능적으로 다른 사람의 존중을 받고 싶어 한다. 하지만 우리의 행동이 전혀 그럴 의도가 아니었음에도 상대에게 모욕감을 주고 괴롭게 하거나 분노를 느끼게 할 수 있다.

상대방이 화를 내면 마음이 불편하고, 곤란함을 느낀다. 그래서 문제를 바로잡고 싶어진다. 물론 이러한 노력은 숭고하고 가치 있는 일이지만 우리는 오로지 제한된 영향력만 발휘할 수 있다. 즉, 내 입장을 해명하거나 사과할 수 있고, 용서를 구할 수도 있지만 상대의 화가 누그러지는 것이 당연한 것은 아니다. 마음을 다해 용서를 구했어도 상대방의 원한이 해소될 수 없다면 우리의 정신적·정서적 안녕을 위해 내려놓을 줄도 알아야 한다.

10.

모든 것을 통제하고픈 욕구

우리는 운전대를 잡고 싶다. 내가 현재 상황을 주도하고 있다고 믿고 싶다. 통제력을 행사함으로써 자기 행동으로 인해 결과가 바뀐다는 자신감을 얻는다.

그러나 가장 큰 문제는 외부 사건은 보통 우리의 영향력 밖에 있다는 사실이다. 외부 요소를 통제할 수 있다는 생각은 대체로 환상에 불과하다. 이러한 환상을 지니고 있으면 정신적으로 피로해진다. 주변의 모든 것을 통제하고 싶다는 욕구를 포기할 때, 우리는 불운을 더 잘 받아들이게 된다. 또한 그런 상황이 닥쳐도 건강한 태도로 잘 적응하고 대응하는 능력을 키울 수 있다.

11.

언제나 행복하고 싶다는 기대

사람들은 행복하기를 원한다. 배우자와 관계에서 행복을 원하고, 일에서 행복을 원하고, 현재의 삶에서 행복을 원한다. 하지만 꼭 기억해야 할 사실은 사람이 언제나 행복할 수는 없다는 점이다. 고통은 인생의 한 부분이기 때문에 영원한 행복은 신기루와 같다. 그런데도 스트레스를 받거나 불운을 겪을 때, 행복하지 않다는 사실 때문에 이중의 정서적·신체적 고통을 느끼기도 한다.

언제나 행복하고 싶다는 기대를 내려놓으면 두 가지 중요한 결과를 얻는다.

첫째, 우리의 불행을 기꺼이 인정할 수 있게 된다. 이는 우리를 괴롭히는 사건을 찾아내고 더 나아가 해결하거나 받아들이기 위한 중요한 단계다.

둘째, 다른 사람과 자신을 부정적으로 비교하는 일이 줄어든다. 자기감정의 진실성을 인정하기 시작하면서 모든 사람이 불행을 경험한다는 사실을 깨닫는다. 다른 사람이 행복해 보이는 모습은 허울에 불과할 때도 있다는 사실을 받아들인다. 그래서 타인을 질투할 일이 줄어든다.

12.
분노

우리는 구박받거나 위협을 느낄 때, 또는 조롱당하고 무력해지고 무시당할 때 분노를 느낀다. 그러한 분노가 정당할 수는 있지만 계속 붙들고 있으면 감정이 소모된다. 분노를 유지하는 데는 상당한 에너지가 필요하기 때문이다. 그러니 분노를 붙잡고 있을 이유가 없다. 그렇지 않은가?

그런데도 계속해서 분노에 매달리는 것은 자신이 상처받았다는 사실을 인정하고 싶지 않다는 의미다. 또한 상황을 바꾸기는 어려울지 몰라도 언제 화를 멈출지 결정할 수 있는 건 나뿐이라는 잘못된 통제감을 느끼게 한다. 때로는 분노가 정체성에 녹아들어서, 점차 다른 사람에게 영향력을 행사하기 위한 도구로 활용하기도 한다.

분노를 놓아 버리면 건강한 인간관계를 경험할 수 있고, 스트레스도 줄어든다. 자신의 감정을 훨씬 더 건설적인 방법으로 표현할 수 있다.

13.
수치심

수치심은 자신이 이상적인 모습에 미치지 못했다는 것을 깨달을 때 생긴다. 예를 들어 우리는 부적절하다는 것을 알면서도 어떠한 행동을 한 뒤 결국 창피함을 느낀다. 또는 처음부터 옳지 않다는 것을 알면서도 잘못된 선택을 하고 나중에 후회한다. 부끄러운 행동이며 결과적으로 회한을 남길 것을 알면서도 행동에 옮길 때도 있다.

수치심을 제대로 해결하지 않으면 수치심에 더 집착하게 된다. 수치심을 느끼는 이유를 외면하려고 하고, 그래서 자신을 용서할 수 있는 조금의 여유도 허락하지 않는다.

수치심을 놓아주면 나는 불완전한 사람이고 가끔 실수도 저지른다는 사실을 받아들일 수 있다. 과거에 머물러 있지 않고 현재를 충실히 살아가는 데 도움이 된다. 그리고 애초에 수치심을 느낄 만하다는 삐뚤어진 믿음에 반기를 들 기회도 준다.

14.
타인의 의견

타인은 유용하고 건설적인 피드백으로 자칫 놓칠 뻔했던 통찰력을 일깨워 줄 수 있다. 다양한 견해들은 성과를 높이거나 창의성을 키워주고, 자신의 결점과 장애물을 인지할 수 있도록 도와준다.

하지만 타인의 의견에 너무 의존한 나머지 자기 생각대로 행동하지 못할 가능성도 있다. 두려움 때문에 옴짝달싹 못한 채 모든 결정과 행동에 대해 다른 사람의 확인을 구하게 된다.

타인의 의견은 참고 정도만 하고 스스로 결정할 수 있을 때 자신의 효능에 대해 더 큰 자신감을 느낄 수 있고, 자기 인정에서 비롯되는 만족과 행복을 누릴 수 있다.

15.
부정적인 비교

다른 사람과 자신을 비교하는 건 자연스러운 일이다. 이런 비교는 우리가 이루고 싶은 목표와 관련된 유용한 피드백을 준다. 관심 있는 분야에서 다른 이들은 어떻게 성공했는지 알아보고, 비슷한 결과를 얻기 위해 그들의 결정과 행동을 본보기로 삼을 수 있다.

여기에서 문제는 질투와 분노를 느끼면서 자신과 타인을 비교하는 데 있다. 친구가 이국적이고 멋진 장소에서 찍은 사진을 인스타그램에 끊임없이 포스팅할 때, 자신은 꼼짝없이 집에만 갇혀 있다고 해보자. 이럴 때 우리는 질투와 열등감을 느낀다. 다른 사람이 이룬 성공을 보면서 나는 성공할 만한 힘이 없다고 느껴지면 "나는 무능하다"라고 생각하고 우울해진다.

부정적인 비교를 하지 않는다면 열등감에서 기인하는 감정적 고통으로부터 자유로워진다. 일단 타인의 멋진 인생은 그 자체로 헛된 환상일 때가 많다. 어쨌든 다른 사람의 인생을 신경 쓰지 않으면, 진정으로 중요한 내 인생의 진가를 알아보기 시작할 것이다.

16.
완벽주의

완벽함에 집착하게 되는 원인으로는 여러 가지가 있다. 누군가는 불확실함 속에서 통제력을 유지하기 위한 수단으로, 누군가는 다른 사람의 비판이나 비난, 판단을 피하기 위해 완벽을 추구하기도 한다. 자신이 불충분하다는 생각에 완벽해지려고 애쓰는 경우도 있다.

　원인이 무엇이든 완벽주의는 언제나 불만족을 낳는다. 완벽해지는 것만이 행복해질 수 있는 유일한 길이라고 믿는다면, 우리는 끝없는 불행에서 벗어나지 못할 것이다.

　완벽함에 집착하지 않을 때 불안은 줄어들고, 창의력이 샘솟으며, 의도적이고 계획적으로 위험을 감수할 수 있게 된다. 그리고 더 중요한 사실은 타인의 인정을 향한 끝없는 노력에 뒤따르는 감정적 부담으로부터 자유로워진다.

17.
바꿀 수 없는 과거

어떤 사건이 일어나면, 그 일은 곧 우리의 과거가 된다. 그 일이 일어났다는 사실을 바꿀 수 없다. 여파를 최소화할 수 있을지는 몰라도 사건 자체가 없었던 일이 될 수는 없다. 그런데도 후회와 분노의 감정으로 과거의 일에 연연하면 바뀌는 것은 아무것도 없이 감정만 붙들고 있게 된다.

현대 스토아학파는 "묵인의 미학"이라 부르는 것을 실천한다. 이는 인생의 많은 부분이 우리의 통제 밖에 있고, 그러므로 그저 흘러가게 두는 것이 최선이라는 사실을 인정하는 시선이다. 이들은 이 방법이 변화에 적응할 수 있는 가장 단순하고 쉬운 길이라고 믿는다.

18.
실패에 대한 두려움

실패에 대한 두려움은 종종 완벽주의 추구와 같은 이유로 생겨난다. 주변 사람을 실망시키고 싶지 않아서, 수치심과 난처함을 느끼고 싶지 않아서다. 친구나 사랑하는 사람, 직장 동료가 자신을 형편없는 사람이라고 생각하지 않기를 바란다.

여러분도 이미 알고 있듯이, 이런 두려움은 우리를 아무것도 못하는 바보로 만든다. 위험을 감수하고 새로운 일에 도전하기를 주저하게 만들고 인생에서 누릴 수 있는 수많은 아름다운 경험을 즐기지 못하게 방해한다.

실패에 대한 두려움을 내려놓는다면, 망설이지 않고 안전지대 밖으로 나아갈 수 있다. 실패가 불행을 의미하지 않는다는 믿음을 가지고 일단 행동에 옮길 때 우리의 자신감과 자존감은 성장한다. 즉, 역으로 실패를 통해 성장을 향한 길이 열린다.

19.
타인을 설득할 수 있다는 믿음

모든 사람은 저마다 자기 의견을 가지고 있고, 합리적인 사고 과정을 통해 그러한 결과에 도달했다고 생각한다. 그래서 자기 의견이 진실이라고 확신하고, 반대되는 의견을 가진 사람은 모두 틀렸다고 믿는다. 이는 보편적인 태도다. 거의 모든 사람이 이렇게 생각한다.

문제는 다른 사람의 의견과 내 의견이 다를 때 발생한다. 내 의견이 옳다는 믿음만으로는 불충분해지고 다른 사람에게 내가 옳다는 사실을 납득시켜야만 한다. 그래서 국가 경제, 정치적 이슈, 사회 규범부터 시작해서 심지어는 스크램블드에그를 그냥 먹어야 하는지 케첩을 곁들여야 하는지에 이르기까지 매일매일 모든 주제로 논쟁을 벌이면서 시간을 소비한다.

당연하게도 끊임없는 논쟁은 감정 소모로 이어지기 쉽다. 게다가 보람을 느끼기도 어렵다. 자기 의견을 다른 사람에게 강요하고 싶은 욕구, 즉 상대를 내 생각대로 바꾸고 싶다는 생각을 내려놓을 수 있다면 우리는 한층 더 성장할 것이다. 인간관계가 전보다 개선되고, 시간과 에너지 낭비를 줄일 수 있다. 무엇보다 자신이 틀릴 수도 있다는 가능성을 받아들이기 쉬워진다.

20.
최악의 상황을 상상하는 버릇

어떤 사람들은 최악의 상황을 쉽게 상상하곤 한다. 이러한 생각은 비이성적일뿐더러 이들이 상상한 최악의 시나리오는 대부분 비현실적이다. 예를 들면 구직 면접에서 떨어진 어떤 사람은 "나는 이 업종에서 절대 일자리를 얻지 못할 거야"라고 생각한다. 사랑에 실패한 뒤 "나는 평생 혼자 남게 될 거야"라는 생각에 빠질 수도 있다. 자녀가 통금 시간을 어겼을 때 "우리 아이가 끔찍한 교통사고라도 당한 것이 분명해"라며 두려움에 떠는 부모도 있다.

최악의 상황을 떠올리는 행동은 무력감에서 기인한다. 사람들은 자신에게 통제력과 영향력이 부족하다고 느끼고, 그래서 문제를 해결할 수 없다고 생각한다. 점점 모든 문제가 잠재적 재앙이 되고, 공포심은 최악이 된다.

이러한 사고에서 벗어난다면 공포와 불안이 줄어들고 그와 동시에 우리가 통제할 수 없는 상황에 관한 전망이나 기대가 더 합리적으로 변한다. 더 좋은 결정을 내리고, 더 많은 위험을 감수하며, 결과적으로 친구와 가족, 동료와 함께하는 기회를 더 많이 누릴 수 있다.

앞에서 다룬 스무 가지 중에 당신에게 해당하는 문제들을 놓아주는 방법을 배운다면 당신의 멘탈은 과거에 비해 확실히 건강해질 것이다. 한 가지 좋은 소식은 이제 배우게 될 '놓아 버림의 기술'은 누구나 보편적으로 적용할 수 있다는 것이다. 구체적인 놓아 버림의 기술을 배우기 전에, 사람들이 왜 그토록 괴로워하면서도 집착을 버리지 못하는지 이유에 대해 알아보겠다.

"당신이 놓아주지 않는 한, 스스로 용서하지 않는 한,
자신의 처지를 용서하지 않는 한,
그리고 이미 끝난 일이라는 사실을 깨닫지 않는 한,
앞으로 나아갈 수 없다."

_스티브 마라볼리(Steve Maraboli)

PART

2

고통스러운 과거를
놓지 못하게 만드는 나쁜 생각들

<hr/>

. . .

내 멘탈에 도움이 되지 않는 과거에 집착하지 않기로 마음먹는 건 쉽다. 고통스러운 기억과 부정적인 감정에서 벗어나겠다는 결심 자체는 어려운 일이 아니다. 하지만 이를 실제로 행동에 옮기는 건 또 다른 문제다.

만일 과거의 사건이나 실패한 사랑, 후회로 남은 선택, 개인적 원한 등으로 괴로워하다 집착하는 지경에 이르렀다면, 이는 우리가 그 문제를 중요하게 여긴다는 것을 의미한다. 우리에게 '정말로' 중요한지 아닌지는 상관없다. 우리가 그렇게 믿을 뿐이다. 집착 때문에 아무리 괴로워도 쉽게 과거를 놓아 버리기 어려운 이유는 바로 이 확신 때문이다.

여기에서는 스트레스를 주는 다양한 생각과 감정, 기억을 내려놓지 못하게 하는 나쁜 생각과 원인들을 두루 살펴볼 예정이다. 어떤 원인은 단번에 납득할 수 있을 것이다. 또는 현재 당신이 어떠한 문제나 괴로움을 놓아 버리지 못하는 이유를 발견할 수도 있다. 어떤 원인은 익숙하지 않거나 심지어 이상하다고 느낄 수도 있다. 하지만 자세히 들여다보면 이 또한 당신을 힘들게 하는 원인이었다는 사실을 깨달을 것이다.

일단 우리의 마음이 놓아 버리기를 거부하는 이유를 알아야 이러한 반발심을 해소하기 위한 고되지만 보람찬 과정의 첫발을 내디딜 수 있다. 그리고 비로소 과거를 향한 정서적 집착은 물론, 이에 수반하는 고통과 스트레스, 괴로움 놓아주기를 제대로 시작할 수 있다.

미리 말해 두는데, 파트 2는 빠르게 훑고 지나갈 것이다. 우리가 고통스러운 과거에 집착하는 이유를 완벽히 이해하면서도 그 과정에 지나치게 얽매이지 않으려고 한다. 내 이야기를 따라오다 보면 깨달음을 얻는 동시에 정신이 번쩍 들 것이다.

변화가

너무나
두렵다

"변하지 않으면 성장하지 않는다.
성장하지 않으면 진정으로 살아 있는 것이 아니다."

_아나톨 프랑스(Anatole France)

변화는 두렵다. 우리는 변화가 가져오는 불확실함을 두려워한다. 마음속 걱정과 불안이 즉시 질문을 쏟아내기 시작한다.

- 이 변화는 내 인생에서 어떤 의미가 될까?
- 변화 이후 나는 무엇을 잃게 될까?
- 새로운 환경에 적응할 수 있을까?
- 내 삶의 일부 영역에서 통제력을 잃게 되지는 않을까?
- 더 많은 책임을 져야 하는 건 아닐까?
- 이 변화가 실패할 가능성을 키우지 않을까?
- 새로운 환경에서 나의 부족함과 단점이 더 부각될까?

그래서 우리의 마음은 변화를 거부하기 시작한다. 포용하지 않고 반발한다. 그리고 현상 유지를 원한다. 그 현상이 비참한 상황일지라도 말이다. 우리는 현재 상태에 너무나 익숙해져서 현재가 불행하더라도 계속 버틸 수 있다고 자신을 속인다.

무언가를 놓아주기로 결심한다는 건 그것 없이 살아갈 가능성을 받아들이는 것이다. 이 변화가 우리를 자유롭게 해 주지만, 여전히 변화가 가져오는 불확실함은 두렵다. 그래서 오래도록 이 고통을 놓지 못한다.

그리고 고통을 자신과 동일시한다. 우리를 불행하게 해도 그만큼 익숙한 존재이기 때문이다. 고통을 저버리는 건 낯설고 두려운 일이다.

과거를 단념해야 바로 이 고통에 직면할 힘을 얻는다. 이 과정에서 나약함을 느낄지라도 이는 아픈 기억과 괴로운 감정으로부터 자신을 분리하기 위한 중요한 단계다.

변화의 가능성을 수용할 수 있게 되면 그때야 비로소 우리를 방해하는 집착을 내려놓을 준비가 끝난다. 뿐만 아니라 변화를 계속 받아들이면 자신감도 함께 커지는 놀라운 일이 일어난다. 변화의 불확실함을 두려워하기보다는 변화에 적응할 수 있다는 믿음이 생기고, 결과적으로 멘탈을 회복시키기가 점점 더 수월해진다.

바로잡을 수 있는
기회가

있을지도
모른다

"기회를 놓칠까 봐 두려워하는 마음은
자기 시간을 가치 있게 여기는 데 걸림돌이 된다."

_앤드루 양(Andrew Yang)

사람은 부정적인 감정과 불쾌한 기억에 미련을 가지곤 하는데, 그 이유는 일어날지 모르는 긍정적인 경험이나 내 것이 될 수 있었던 기회를 놓칠지도 모른다는 두려움 때문이다.

예를 들어, 실패한 사랑에 감정적으로 집착하고 미련을 버리지 못하는 이유는 그 관계를 어떻게든 회복하고 싶기 때문이다. 대학 학위를 포기한 선택에 연연하는 건 언젠가는 학교로 돌아가 졸업장을 받고 싶기 때문이다. 또는 실패한 사업 투자를 곱씹으면서 시기가 안 좋아 실패한 거라고 확신하며 때가 되면 사업을 다시 시작할 꿈을 꾸기도 한다. 후회로 남은 선택이나 상황을 역전시키거나 바로잡을 기회가 조금이라도 있을까 봐 희망의 끈을 놓지 못한다.

우리는 그저 선택지를 열어 두는 것뿐이라며 스스로 합리화한다. 하지만 사실은 "일을 바로잡고 싶다"라는 욕망에 절실히 매달리고 있다. 결국 스스로 과거를 내려놓고 현재를 살아갈 기회를 빼앗는 셈이다. 문제는 이런 미련과 후회가 현재 내가 결정하고 선택해야 하는 것까지 계속 미루게 한다는 것이다. 또 다른 경험이나 인간관계, 성공으로 주어지는 만족감을 누릴 수 없다.

우리는 좋은 일을 경험할 기회를 놓치는 상황이 두렵고 일어날지도 모르는 일을 경험하지 못할까 봐 두렵다. 안타깝게도 이러한 불안감은 우리를 불행하게 만드는 것에 정서적으로 집착하게 하면서 이 고통을 영원히 지속시킨다.

이미 너무
많은 것을 투자해서

포기할 수가 없다

"무언가에 많은 시간과 돈, 에너지 또는 사랑을 투자했을 때
가장 위험한 건 매몰 비용의 오류다.
이 오류는 가망 없는 일을 지속하게 만든다."

_롤프 도벨리(Rolf Dobelli)

우리는 모두 이미 투자한 게 아까워서 놓지 못하는 경험을 한 적이 있다. 어떠한 일에 너무 많은 시간과 에너지, 또는 돈을 투입했기 때문에 일이 잘 풀리지 않아도 차마 포기할 수가 없다. 자신이 비참해진다 할지라도 계속 매달린다. 목표를 달성하기 위해 투자한 수많은 자원을 따지다 보면 그 일을 단념하고 발을 빼기가 불가능해 보인다.

이런 상황은 일상생활뿐만 아니라 직장에서도 일어날 수 있다. 예를 들어, 이 직업을 얻기 위해 몇 년의 시간과 상당한 비용을 들여 학위를 땄기 때문에 현재 삶이 행복하지 않아도 일을 그만두지 못한다. 또는 수년의 시간과 무수한 감정 에너지를 쏟았다는 이유로 해로운 관계에서 벗어나지 못한다. 사업에 많은 시간과 엄청난 자본금, 심지어 자존심까지 투자했기 때문에 실패한 게 분명해도 단념하지 못한다.

우리는 투자한 자원을 잃고 싶지 않다. 그래서 스트레스와 불안, 좌절, 억울함, 분노를 안겨 주는 일에 계속 집착하고 매달린다.

비즈니스 세계에서는 이러한 상태를 지칭하는 용어가 있다. 바로

'매몰 비용의 오류(sunk cost fallacy)'다. 어떤 일을 지속하는 것이 더 이상 아무 이득을 가져다주지 못하는 것이 분명한데도 그 일에 투자한 자원 때문에 계속해서 매진하게 되는 상황을 의미한다. 자원을 되찾기는커녕 하면 할수록 손해인데도 포기하지 못한다. 노력하지 않는 건 실패를 인정한다는 뜻이라서 오히려 더 많은 자원을 투자한다.

이 개념은 불안을 안겨 주는 일에 집착하는 상황에도 똑같이 적용된다. 이 상황에서 포기한다는 건 그 일이 제대로 작동하지 않음을 시인한다는 의미다. 즉, 실패를 인정하는 것이다. 실패를 인정하는 건 언제나 힘든 일인데, 실패한 사랑, 망한 사업처럼 자존감이 결부되어 있는 일이라면 더더욱 그렇다. 투자한 자원을 회수할 수 없다는 사실을 내심 알고 있음에도 시간과 에너지, 돈을 계속 소비하면서 집착을 내려놓지 못한다.

그러나 냉정하게 따져 보면 과거에 얼마나 많은 자원을 투자했든, 가망 없는 일이라고 판단하면 멈추는 것이 합리적이다. 매몰 비용의 오류에서 벗어나면 집착을 단념하기가 수월해진다.

모든
문제는

'나 때문에'
일어났다

"당신의 허락 없이는
그 누구도 당신에게 열등감을 안겨 줄 수 없다."

_엘리너 루스벨트(Eleanor Roosevelt)

모든 문제는 자신의 잘못 때문에 발생했다고 생각하는 부류가 있다.
그들은 대개 다음과 같이 생각한다.

- 힘든 상황과 그에 따른 고통을 당하는 건 마땅하다고 생각한다. 그래서 과거
  에서 벗어나려는 의지가 강하지 않다.
- 자신의 강점을 인정하지 않고 단점에만 주목한다.
- 지금까지 이룬 성취를 축하하는 대신 실패한 일, 실수한 일에만 집중한다.
- "너는 비호감에다가 무능력하고 실패할 운명이었다"라는 내면의 비평가의
  말에 세뇌되어 머릿속이 온통 자책으로 가득 차 있다.

이러한 사고방식은 과거의 실수나 실망, 좌절에 매달리라고 다그
친다. 불행을 '자초'했다고 믿고 스스로 동정심을 갖기는커녕 과거에
대한 책임을 묻는 것이다. 그러니 좀처럼 자신을 용서하지 않는다.
안 좋게 헤어진 과거의 연인을 한번 떠올려 보자. 관계가 유지되
지 못한 데는 수많은 요인이 작용했을 것이고, 그러한 요인 중에는

두 사람의 결정과 행동도 있다. 하지만 자존감이 낮은 사람은 전부 자기 탓이라고 여기기 쉽다.

운영하던 사업이 파산한 경우도 마찬가지다. 역시나 사업 실패에 영향을 미친 요인으로는 경기 침체, 잘못된 장소 선정, 경쟁업체 증가 등 여러 가지가 있을 것이다. 자존감이 낮은 사람은 사업이 실패한 이유를 자신에게 돌릴 가능성이 크다. 외부 요인의 영향력을 고려하지 않고 자신의 잘못된 선택에만 주목한다. 이렇게 되면 사업의 실패로 인해 분명 배운 것들이 있을 텐데도 다음의 성공을 위한 디딤돌 역할을 할 수 없다. 그저 자신의 능력이 부족하다는 증거밖에 되지 않는다.

자책하는 습관을 어떻게든 고쳐야만 과거에서 벗어날 수 있다. 집착을 버리기 위해 우리는 내면의 비평가를 무너뜨려서 불확실하고 해로운 자기 비난을 끊어 낼 방법을 찾아야 한다.

내가 틀렸다는
사실을

인정하고 싶지 않다

"당신이 틀렸다는 걸 인정하는 건
절대 부끄러운 일이 아니다.
어제보다 오늘 더 현명하다는 걸 증명할 뿐이다."

_조나단 스위프트(Jonathon Swift)

실수를 인정하고 싶지 않은 마음은 어떻게 보면 자책하느라 집착을 놓지 못하는 마음과 정반대에 있다. 하지만 역설적이게도 고통스러운 기억을 건강한 방식으로 놓아주는 힘에는 비슷하게 부정적인 영향을 미친다.

이 경우는 불리한 결과를 두고 자신을 탓하는 게 아니라, 실패에 자신의 잘못이 있을 수 있다는 사실을 인정하고 싶지 않아 한다. 전적으로 다른 사람들의 잘못이며 자기에게 책임이 있다는 증거를 만나면 어떻게든 반박하려고 한다. 자존심이 이를 용납하지 않는다.

이러한 태도라면 어렵지 않게 미련을 버릴 수 있을 거라고 짐작하기 쉽다. 어쨌든 아무것도 잘못한 게 없다면, 적어도 자기 마음속에서는 후회도 미련도 없이 과거를 놓아줄 수 있으니까 말이다.

하지만 이상하게도 정반대의 일이 일어난다. '인지 부조화'를 경험하기 때문이다.

인지 부조화는 자신의 생각과 믿음, 결정, 행동이 서로 모순될 때 일어나는 정신적 스트레스를 말한다. 이 스트레스는 상실감과 실망감, 좌절된 기대, 개인적인 원한을 곱씹고, 자기를 제외한 모든 사람을 비난하게 만든다. 실수를 인정하고 미련을 버리는 것이 아니라 오히려 필사적으로 매달린다.

예를 들어, 이혼의 원인에는 자기 잘못도 있다는 사실을 인정하지 않는 사람이 있다고 가정해 보자. 그는 네가 배우자를 소홀히 대했다는 친구들의 말을 아무리 들어도 나는 무결하다고 우긴다. 그렇지만 마음 깊은 곳에서는 뭔가 잘못한 게 있음을 알고 있다. 이 모순을 합리화하려고 하다 보면 실패한 결혼에서 벗어날 수가 없다. 오히려 자신의 무결함을 뒷받침하는 증거로 영원히 남기기 위해서라도 이 문제에 집착하게 된다.

자신이 틀렸다는 걸 인정하는 건 자존심에 상처를 입히는 일이다. 자아상에 먹칠을 한다. 우리를 나약하게 만들고 불쾌한 타인의 비판에 노출시킨다. 만약 지금까지 자신은 나무랄 데가 없다고 믿고 이를 거역하는 의견에는 반사적으로 반기를 드는 식으로 살아왔다면, 잘못을 인정하는 건 너무 괴로울 것이다.

하지만 우리가 극복해 내야만 하는 감정이다. 잘못에 대한 인정은 과거를 놓아주고 거기서 오는 정서적 자유와 마음의 평화를 즐기기 위해 꼭 필요한 과정이다.

지나고
나니

좋은 점만
떠오른다

"눈에서 멀어지면 마음에서도 멀어진다는 말이 좋다.
삶을 대하는 나의 태도를 대변한다.
그래서 나는 어떤 과거에 대해서도 조금의 낭만을 느끼지 않는다."

_존 레논(John Lennon)

엔터테인먼트 산업은 사람들이 과거에 대한 미련을 버리기 어렵게 만들었다. 과거 그 자체뿐만 아니라 과거에 대한 집착까지도 낭만적으로 묘사하기 때문이다.

이루지 못한 사랑을 이야기하는 소설을 떠올려 보자. 주인공은 떠난 사람의 애정을 갈망하지만 계속 퇴짜 맞거나 어떤 장애물 때문에 좌절하기 일쑤다. 하지만 현실을 받아들이지 않고 집요하게 상대의 마음을 다시 얻기 위해 애쓴다. 책이 끝날 무렵에는 대부분 사랑을 얻는 데 성공하고 모든 등장인물이 행복하게 살아간다.

아니면 옛날, 예를 들어 1940년대나 중세, 르네상스 시대 등에 초점을 맞춘 영화를 떠올려 보자. 폭력과 학살로 얼룩진 시대임에도 불구하고, 영화는 영웅이 갖은 고난과 시련을 이겨 내는 여정에 주목하며 그 시대를 낭만적으로 묘사한다.

이러한 책이나 영화는 사람들의 마음에 흥미로운 영향을 끼친다. 과거를 이상화하는 영화나 텔레비전 쇼, 책, 음악에 자주 노출되면서 우리는 과거에 더 집착하게 되었다. 후회나 실망, 고통스러운 기억의 근원에서 벗어나기보다는 이를 이상화하기 때문에 오히려 더욱 집착한다.

예를 들어 관계가 최악으로 치달아 결국 헤어진 연인이 있다고 해보자. 당시에는 너무 괴로웠기 때문에 헤어지기로 결정했는데, 시간이 지나고 나면 좋았던 기억에만 연연하며 이별을 후회하는 경우가 있다. 마치 우리 관계에 갈등이나 문제는 없었던 것처럼, 상대방에 대한 불만이 전혀 없었던 것처럼 구는 것이다.

과거의 연인은 물론 그와 함께한 기억을 이상화하기 때문이다. 그래서 나쁜 기억은 외면한 채 해로운 관계로 다시 돌아가는 경우도 왕왕 있다. 잘못된 이상화는 관계에 깊게 뿌리내린 해로움을 잊어버리거나 묵살하게 만든다. 그러나 본질적인 문제를 해결하지 않고 관계를 다시 시작하는 것만큼 불행한 일도 없다.

삶의 다른 영역에서도 비슷한 일이 일어난다. 직장에 불만이 많아서 이직을 결정했다고 하자. 그런데 새 회사가 기대와 달리 실망스럽다는 것을 깨닫고 나면 전 직장이 그립고, 모든 게 후회스럽다. 현재 새 직장이 만족스럽지 않은 것과 무관하게, 전 직장에는 해결되지 않는 불만이 있었고 이직 외에는 다른 해결 방법이 없었다는 사실은 까맣게 잊는다. 이직이 잘못된 결정이었음을 인정하고 해결 방안을 찾으려 하지 않는다.

과거를 이상화하는 습관은 언제나 슬픔, 좌절, 실망으로 이어지기 마련이다. 하지만 우리는 이 습관을 깨고 더욱 현실적인 시각에서 현재와 과거를 판단할 수 있다. 그렇게 된다면 훨씬 수월하게 과거를 합리적인 관점에서 바라보고, 집착을 내려놓고, 마침내 새롭게 인생을 살아갈 것이다.

과거의
나를

버릴 수가
없다

"나라는 사람을 버려야만
비로소 새로운 내가 될 수 있다.
가진 것을 버려야만 필요한 것을 얻는다."

_노자(老子)

우리는 업적, 실패, 가치 체계, 트라우마, 직업, 심지어는 소유한 물건과 자신을 동일시한다. 이 요소들이 곧 나 자신이라고 믿고, 스스로를 분류하고 특정 집단에 배치하는 데 사용한다. 이런 과정이 도움이 될 때도 있다. 자신을 특별한 사람으로 정의할 수 있고, 자존감을 안겨 주기도 한다.

하지만 이러한 습관 때문에 집착을 버리기가 어렵다. 동일시한 것들과 강하게 얽매여서 자신의 정체성 일부를 버리지 않고서는 이 요소들을 떠날 수 없다는 생각이 든다.

당신이 사업을 운영하면서 여러 번 실패했다고 가정해 보자. 그 과정에서 자신도 모르게 점차 사업 실패와 자신을 동일시하기 시작한다. 처음에는 큰 꿈을 품고 있다고 할지라도 이제 당신은 스스로 "나는 능력 없는 사업가"라고 생각하게 된다.

즉 긍정적인 의미이든 부정적인 의미이든 이러한 속성이 자신을 정의한다고 믿고, 정체성의 일부가 됐다고 생각한다. 새로운 사업을 시작하는 상상을 하면 자연스럽게 스스로 붙인 꼬리표가 못난 얼굴을 치켜들고는 즉시 의욕을 꺾는다. 더 심각하게는 앞으로 이 꼬리표를 절대 떼어 낼 수 없다고 여길 수도 있다. 닻을 내린 듯 우리를 무겁게 가라앉힌다.

이러한 현상은 자신의 정체성을 경험과 연결시킬 때 일어난다. 여러 번 사랑에 실패하고 나면 관계를 유지하는 게 불가능하다고 믿게 된다. 직장에서 해고당한 뒤 이 직업에 재능이 없다고 생각한다. 소설가가 되고 싶다는 열망을 오래 품고 책을 썼지만 출판에 실패하고 나면 이제 성공은 불가능하다고, 단 하나의 작품도 성공할 수 없을 거라고 믿는다.

경험이 스스로 생각하는 자기 모습에 영향을 미친다. 실패가 곧 자기 자신이 된다. 결국 자신을 실패와 동일시하면서 성공할 기회조차 주려고 하지 않는다.

과거의 나를 버리면 믿을 수 없이 자유로워진다. 사기를 꺾는, 스스로 붙인 꼬리표에 더 이상 얽매이지 않기에 훨씬 수월하게 고통스러운 기억과 괴로운 감정을 놓아버릴 수 있다.

부정적인
감정과

생각에
이미 중독됐다

"부정적인 감정은 달갑지 않은 손님과 같다.
그들이 우리 집 현관에 찾아왔다고 해서
집까지 들어올 수 있는 건 아니다."

_디팩 초프라(Deepak Chopra)

사람들은 누구나 긍정적인 감정을 좋아하고 환영한다. 행복하고, 만족스럽고, 즐거운 감정을 원한다. 사랑받는 느낌은 물론 내가 다른 사람을 사랑하는 감정에 커다란 기쁨을 느낀다. 희망과 감탄의 감정을 즐긴다.

그러나 때로는 부정적인 감정에 집중하기도 한다. 괴로운 사건에 집착하며 분노와 억울함을 느꼈던 사건들을 곱씹는다. 실망감과 상실감을 놓아주지 못한다.

어떤 때는 의도적으로 부정적인 감정에 몰두한다. 부정적인 사건을 곰곰이 생각하면서 자신의 잘못이 무엇인지 파악한다면 비슷한 실수를 반복하지 않을 수 있다. 하지만 너무 자주 아무런 목적 없이 부정적인 감정에 빠지기도 한다. 우리는 속상한 기억과 억울한 감정, 자신과 타인에 대한 판단에 집착한다. 그러다가 괴로운 감정과 생각에 중독된다.

분명 잘 납득이 되지 않을 것이다. 본능적으로 평온과 행복, 안전을 선호하는 인간이 도대체 왜 분노와 슬픔, 두려움에 집착하기를 원하겠는가?

심리학자들은 이를 '감정 중독'의 한 형태일 수 있다고 주장하는데, 여기에는 다양한 이유가 존재한다.

- 상황을 통제할 수 없다고 느끼기 때문에
- 터무니없다고 느끼는 사건이나 결과를 이해하려고 노력하다가
- 특정 상황에서 자신의 선택과 행동이 옳았다고 스스로 안심시키기 위해서

어떤 이유에서든 본질적으로는 애초에 부정적인 감정을 일으키는 상황은 우리의 책임이 없다고 믿기 때문에 그 감정에 중독된다.

이러한 집착은 미련을 버리고 현실을 살아가기 어렵게 한다. 부정적인 감정에 매달리는 데 길들여지면 감정을 잘 소화시켰다가 떠나보내지 못하고 강한 애착을 느낀다.

이 과정에 너무 익숙해지면 자기도 인식하지 못하는 사이에 중독된 상태에서 벗어날 수가 없다. 결국 감정적 고통을 받았고, 지금도 받고 있음에도 계속 놓아 버리지 못하게 된다.

이 경험이

훗날
유용할지도
모른다

"안 좋은 일이 일어나면 사람의 뇌는
ㄱ 사건을 계속 추적하는 데 특히 뛰어난 능력이 있다.
이는 생존에 중요한 적응 기제다."

_데이비드 펄머터(David Perlumtter)

사람의 마음은 다른 모든 것보다 생존을 가장 우선시한다. 위험한 상황을 이겨 내고 행복을 위협하는 위험을 피하고자 설계되었다. 생존에 대한 거라면 뭐든 우선순위로 두고 다른 모든 관심사를 밀어낸다. 애초에 그렇게 프로그래밍되었고, 생존 능력은 선천적이다.

뇌가 생존을 우선시하는 주된 방법의 하나는 부정적인 정보를 인식하고 저장하는 것이다. 뇌는 신체적으로나 심리적으로 피해를 입었던 경험을 기억해서 우리의 안위와 안전을 위협하는 상황을 피하거나 극복할 수 있게 한다.

부정적인 것에 집중하는 성향을 심리학에서는 '부정성 편향(negativity bias)'이라고 부른다. 이런 성향 덕분에 우리 조상들은 자연환경의 위험에서 살아남았다. 즉, 단 한 번의 판단 실수가 재앙에 가까운 결과를 초래할 수 있는 위험한 환경에서도 경계를 유지할 수 있었다.

분명 부정성 편향도 쓸모가 있지만 오늘날에는 생존보다는 사람의 마음에 더 큰 영향을 미친다.

우선 과거에 비해 우리는 자연환경의 위험에 노출될 확률이 낮다. 물론 여전히 위험한 건 사실이나 환경에 대한 취약성은 현저히 줄어들었다.

둘째, 사람의 마음은 부정적인 감정에 집중하다 보면 긍정적인 면을 간과하는 경향이 있다. 후자는 실용성이 부족해 보여서 외면당한다.

마지막으로 부정성 편향은 부정적인 생각과 감정을 내려놓지 못하게 한다. 생존을 최우선으로 하는 사람의 마음은 실용성을 지나치게 강조한다. 부정적인 감정에 집착하고, 직감적으로 그렇게 하는 것이 미래의 피해로부터 자신을 지키는 일이라고 믿는다. 이렇게 부정적인 감정에 집중하는 성향은 인간관계나 직장 생활에서부터, 합리적인 선택을 하는 능력에 이르기까지 우리 삶의 모든 영역에 영향을 준다.

타고난 성향을 극복하려면 우리의 뇌를 적극적으로 재구성해야 한다. 집착을 버리기 위해 과거의 부정적인 경험을 새롭게 바꾸고, 현재 상황을 바라보는 새로운 관점을 고안하여 부정적인 감정에서 실용적인 요소만 취할 수 있어야 한다. 이어지는 파트 3에서 그 방법을 구체적으로 소개하겠다.

"끝까지 놓지 않아야 강해진다고 생각하는 사람도 있지만,
때로는 놓아줌으로써 더 강해지기도 한다."

_헤르만 헤세(Hermann Hesse)

PART
3

**발목 잡는 과거를 끊어 내고
거침없이 나아가기 위한 스물한 가지 전략**

• • •

자, 이제 모든 준비를 마쳤다. 지금까지는 기초를 다졌고, 이제는 움직일 시간이다. 실력을 발휘해 보자. 여기에는 바로 활용할 수 있는 실행 가능한 팁과 도구들이 가득 차 있다. 여기서 배우는 기술은 괴로운 기억을 놓아 버려야 할지 말지 판단하고, 현재 인생에 방해가 되는 분노, 억울함, 실망, 평가, 원한을 기억 너머로 되돌려 놓는 데 도움이 될 것이다.

자기 평가와는 다르다. 그보다 더 깊게 파고든다. 우리의 최종 목표는 해로운 관계, 후회되는 결정, 깊은 상실감, 어긋난 기대로 인한 괴로움에 불필요하게 집착하게 만드는 수년간의 조건화를 바꾸는 것이다.

앞으로 살펴볼 전략은 우리가 바꿀 수 없는 것에 대해 느끼는 후회, 죄책감, 자기 비난의 마음을 멈추는 데 도움이 된다. 회한과 수치심, 불만의 감정이 서서히 자기 연민으로 대체될 것이다. 또한 자기 공감, 인내, 용서에 주목하는 사고방식도 기를 수 있다.

궁극적으로는 비참함과 상심을 안겨 주는 기억을 놓아 버리기 위해 필요한 용기를 끌어모을 수 있도록 도와준다. 그렇게 할 수 있다면 마침내 우리는 미련을 버리고 마땅히 누려야 할 새로운 삶을 개척하게 된다.

각 글에는 당신의 생각 구조를 완전히 다시 세팅할 수 있도록 도와주는 실전 트레이닝이 포함되어 있다. 간단한 질문처럼 보이지만 각 단계를 성실하고 꼼꼼하게 따라가길 바란다. 과소평가하지 말라. 우리가 배운 개념을 활용하고 직접 행동으로 옮길 기회가 될 것이다. 글을 읽고 막연하게 깨달은 것들을 내 문제와 구체적으로 연결시켜야만 삶을 실제로 변화시킬 수 있다.

과거와 현재에 갇힌 것 같은 기분에서 벗어나 정서적 안정과 자유를 경험할 준비가 되었는가? 그렇다면 이제 출발해 보자.

전략 1:

오늘부터
과거를

놓아 버리겠다고
선언한다

"어제는 되찾아야 할 나의 것이 아니지만,
내일은 이기든 지든 나의 것이다."

_린든 B. 존슨(Lyndon B. Johnson)

우리는 인생에서 긍정적인 변화를 만들고 싶다. 변화를 원하는 이유는 다양하다. 더 좋고, 친절하고, 믿음직한 친구이자 배우자, 동료가 되고 싶어서일 수도 혹은 삶의 질을 높여 줄 것이라고 믿기 때문일 수도 있다.

명심해야 할 가장 중요한 사실은 긍정적인 변화를 원하는 것과 변화를 이루겠다고 다짐하는 것은 전혀 다르다는 점이다. 변화를 원하는 것은 소원을 말하는 것에 지나지 않는다. 하지만 변화를 다짐하는 것은 하나의 맹세이자 선택으로, 우리가 원하는 변화를 현실로 실현시킬 가능성이 훨씬 크다. 즉, 집착을 내려놓고 앞으로 나아가고 싶다면 "나는 이제 집착을 놓아 버리기로 결심했다"라고 의지를 담아 선언해야 한다.

이 결심은 우리가 생각하는 것만큼 단순하지 않다. 가장 먼저 불행의 근원을 찾아야 한다. 스스로에게 질문을 던져라.

"나에게 고통스러운 감정을 안겨 주는 원인은 무엇인가?"

두 번째, 이 짐을 내려놓을 준비가 되었는지 확인해야 한다. 바로 이때 내 결심의 원동력이 될 동기가 필요하다. 이렇게 물어보자.

"괴로운 기억과 후회, 좌절감으로부터 자유로워진다면 내 인생은 얼마나 더 행복해질까?"

세 번째, 마음속에 있는 걸림돌 빼내기를 주저하는 이유를 찾아야 한다. 고통과 자신을 동일시하고 있지는 않은가? 자존감이 낮아서 용서받고 행복을 누릴 자격이 없다고 생각하는가? 파트 2에서 당신에게 해당하는 이유를 다시 살펴보아라. 적어도 한 가지, 아니 서너 가지 정도는 찾아낼 수 있을 것이다.

네 번째, 집착을 내려놓는 것은 내가 할 일이라는 사실을 깨달아야 한다. 그 누구도 대신해 줄 수 없다. 이 진실에 눈을 뜬다면 목적의식이 생긴다. 자기 인생에 대한 주체성을 인정하는 용기를 얻는다.

이제 이 질문들을 실패한 사랑을 떠나보내기 어려운 상황에 적용해 보자.

사랑이 실패한 원인은 무엇인가? 상대의 언어폭력 때문일 수도, 당신의 치명적인 실수 때문일 수도 있다.

그다음, 이 고통을 내려놓았을 때 당신의 인생이 얼마나 행복해질지 상상해라. 마음의 짐을 덜어 내고 자신감을 얻을 수 있다. 인생의 가능성에 마음을 활짝 열고 새로운 관계를 시작할 수 있다.

이제 이 관계를 놓지 못하는 이유를 찾는다. 낮은 자존감 때문에 더 건강한 관계를 추구하지 못하는가? 내심 자신에게 그럴 자격이 없다고 생각하는가? 아니면 처음부터 이 관계의 끝이 정해져 있다는 의심이 들었지만 더 깊게 빠져들었다는 진실을 마주하기 두려워서

인가?

　마지막으로 과거의 인연을 놓아주겠다는 결정은 오직 나만이 할 수 있다는 사실을 인정하라. 그 권리는 당신에게 있다. 결정을 내릴 수 있는 능력도 실천에 옮길 의지도 당신에게 있다.

실전
트레이닝

1단계 —— 당신이 놓아 버리고 싶은 것은 무엇인가? 여기에 그것을 분명하게 밝히는 것에

서부터 변화가 시작될 것이다.

나는 드디어 .... 을 놓아주기로 결심한다.

2단계 —— 놓아 버리고 나면 당신의 인생은 어떻게 변화할 것 같은가?

.... 을 내려놓는다면

나는 스트레스가 줄어들고 의지가 생길 것이다.

자신감이 샘솟고 미래를 더 긍정적으로 바라볼 수 있다.

스스로 만족감이 생길 것이다.

3단계 —— 놓아 버리기를 거부하는 마음속 걸림돌은 무엇인가?

고통과 나를 동일시해서 몇 년 동안이나 .... 에 집착하고 있다.

.... 때문이다.

4단계 —— 과거를 놓아 버리겠다는 결정과 실행은 나만이 할 수 있다는 사실을 되새겨라.

이 결정을 내릴 수 있는 힘은 오직 나에게 있다.

나만이 .... 을 내려놓는 선택을 할 수 있다.

당신을 불행하게 하는 사건이나 선택, 관계, 기억을 놓아주겠다는 다짐을 정리하여 적고, 책상 위나 냉장고 문처럼 잘 보이는 곳에 붙여 두어라. 거기에서부터 변화가 시작될 것이다.

전략 2:

감정의
영향력이

어느 정도인지
파악한다

"집착하고 있다는 사실을 인지하지 못하면
어떤 것도 내려놓을 수 없다.
당신의 '약점'을 인정하고,
그것이 당신의 가장 큰 장점으로 바뀌는 모습을 지켜보라."

_닐 도날드 월시(Neale Donald Walsch)

무언가를 내려놓으려면 먼저 그 일이 감정 상태에 어떤 영향을 주는지 알아야 한다. 단순히 분노나 죄책감, 슬픔과 같은 감정을 느끼는 것이 아니라 특정 사건이 현재 마음 상태부터 자기 자신과 주변 모든 것에 대한 감정에까지 어떤 영향을 주는지 이해하는 것까지를 뜻한다. 이 둘은 전혀 다른 일이다.

실패한 투자 때문에 분노를 느끼는 상황을 예로 들어 보자. 이 분노는 외부와 단절된 감정이 아니다. 삶의 다른 영역에까지 영향력을 확장하며 파급 효과를 미친다. 직장에서 짜증을 잘 내는 사람이 되거나 가족에게 신경질을 부린다. 모르는 사람에게도 성마른 태도를 숨기지 않는다. 누군가에게 웃어 줄 여유란 없다.

괴로운 감정이 당신의 광범위한 감정 상태에 어떤 영향을 미치는지, 상황 판단에는 어떻게 영향을 주는지 알아야 한다. 문제에 접근하고 이를 해결하는 방식과 그 효과성에 어떤 영향을 줄까? 어떤 식으로 우리의 사고방식을 통제하고 색안경을 끼게 할까?

간단히 말하자면, 우리는 특정 사건이나 선택, 기억과 관련된 감정을 과소평가하는 경향이 있다. 어떤 감정을 느끼고 있는지는 잘 안다. 다만 우리 마음에 어떤 힘을 발휘할 수 있는지는 쉽게 간과한다.

자신의 감정 상태를 이해하고, 판단하고, 관리하는 능력은 '감정 지능(EQ)'이라고 알려져 있다. 감정 지능은 내가 어떻게 느끼고, 왜 그렇게 느끼며, 그 감정이 나에게 어떤 영향을 주고, 이를 해결하기 위해 어떤 행동을 취해야 하는지에 대한 깊은 성찰을 수반한다.

이 과정에는 반드시 '자각'이 필요하다. 자신이 어떤 감정을 느끼는지 관찰하고, 그 감정이 타당한지 판단할 수 있어야 한다. 특정 기억이나 고통으로 인한 감정이 삶의 다양한 영역에서 어떻게 반응하고 충동 및 행동에 어떤 영향을 미치는지도 탐구해야 한다.

이를 위해서 가장 먼저 할 일은 조용히 앉아 생각할 수 있는 공간을 찾는 것이다. 이 공간은 휴대폰이나 텔레비전, 주변 사람들로부터 방해받지 않는 곳이어야 한다.

준비가 되었다면 다음의 트레이닝을 차근차근 따라오라.

1단계 —— 최근에 분노나 슬픔을 느꼈던 사건이나 상황이 있는가? 그 사건을 한 문장으로 설명하라.

예 　퇴근하는 길에 차가 너무 막혔다.

2단계 —— 그 상황에서, 혹은 그 사건 이후 당신은 어떤 감정을 느꼈는가?

예 　제어하기 어려운 분노, 좌절, 나를 방해하는 운전자에 대한 경멸

3단계 —— 이 감정으로 인해 어떻게 행동했는가?

예   배우자에게 쏘아붙였다, 집을 나오면서 문을 쾅 닫았다.

4단계 —— 사건 당시에 느꼈던 감정이 그 사건과 관련 없는 다른 상황에서의 행동이나 반응에 어떤 영향을 주었는가?

직장에서 일할 때, 친구 또는 연인과 함께일 때, 심지어 혼자일 때 어떤 모습인지 떠올려본다.

이 과정을 거치다 보면 자신의 감정에 죄책감이 들 수도 있고, 감정에 휘둘렸다는 사실이 부끄러울 수도 있다. 중요한 건 자신의 감정을 비판하고 싶은 충동을 참는 것이다. 그렇지 않으면 본능적으로 불쾌한 감정을 억압할 위험이 있다. 감정을 억제하면 감정을 잘 다스려서 해결하기가 어려워진다.

전략 3:

부정적인
감정의
배출구를 찾아

기분을
바꿔 준다

"원망에 집착하는 건
경멸하는 사람에게 당신의 머릿속을
아무 대가 없이 내주는 것과 같다."

_앤 랜더스(Ann Landers)

고통스러운 기억과 사무친 원한, 안타까운 선택, 가까운 사람을 잃은 슬픔과 비탄을 놓아 버리는 일은 부정적인 감정을 발산할 수 있도록 도와주는 수단이 있을 때 더 수월해진다. 배출구가 있다고 해서 그 감정을 모두 해결할 수 있는 건 아니다. 하지만 스트레스와 불안이 어느 정도 해소되면서 숨통이 트이기 때문에 감정에 압도당하는 일은 피할 수 있다. 이 점이 중요하다. 압박이 없어야 감정 상태를 잘 판단할 수 있다.

대단한 걸 말하는 게 아니다. 예를 들어 많은 사람이 신체 활동에서 마음의 위안을 찾는다. 헬스장을 가거나 테니스, 골프 같은 스포츠 활동을 하고, 경기를 관람한다. 집을 청소하거나 달리기를 하기도 한다.

친구와의 수다를 위안으로 삼는 사람도 있다. 대화를 통해 고통스러운 감정을 발산할 수 있으며, 아끼고 사랑하는 사람들과 시간을 보내는 것만으로도 위로가 된다. 독서, 명상, 그림 그리기 같은 활동도 스트레스 완화에 효과적이다.

당신이 좋아하는 활동을 떠올려 보라. 그 활동을 할 때 어떤 기분이 드는가? 동네 공원이나 카페에 앉아 지나가는 사람들을 구경하다 보면 마음이 느긋해지는가? 유치한 로맨틱코미디 영화를 보면 행복해지는가? 가까운 친구들과 시간을 보내면 활기가 돌고 친구와의 우정에 감사함을 느끼는가?

모든 활동이 부정적인 감정을 발산할 수 있는 배출구가 될 수 있다. 핵심은 그 활동을 실천하느냐다.

우리는 멘탈이 완전히 박살나고 무언가를 향한 집착을 놓지 못한다는 사실에 초라한 기분이 들 때, 대체로 스스로를 고립시키고 고통 속에서 허우적거린다. 사람의 뇌는 괴로운 감정의 원인에만 집착하느라 다른 활동은 외면한다. 이런 마음 상태에서는 기쁨을 주는 다른 활동을 아예 떠올릴 수 없다.

바로 그럴 때 즐거운 활동을 즉시 실행에 옮겨야 한다. 만약 공원에 가서 사람 구경을 하는 게 당신에게 휴식을 준다면, 우울함에 빠져 지금 당장 공원에 가고 싶다는 기분이 들지 않아도 밖으로 나가야 한다. '유치한 로맨틱코미디 같은 걸 볼 기분이 아니야'라는 생각이 들더라도 정확히 그렇게 해야만 한다.

자기가 좋아하는 무언가를 억지로라도 하게 만들면 머리를 지배하는 부정적인 생각과 감정의 고리를 끊을 수 있다. 그러면 더 큰 목적을 가지고 우리가 집착하는 과거에 맞설 수 있을 것이다.

당신의 기분이 좋아지는 활동은 무엇인가? 다섯 가지를 찾아 써 보라.

그 활동을 할 때마다 행복해지고, 느긋해지고, 만족을 느끼며 활기를 얻는 것이어야 한다. 확실하고 지속 가능하며, 단순하고 쉬운 활동이어야 한다. 그래야 최소한의 계획이나 지출로 당신이 원할 때마다 할 수 있다.

마음이 괴로울 때 금세 떠올릴 수 있도록 이 목록을 항상 볼 수 있는 곳에 적어 두라.

🖊 강아지와 산책하기, 소설 읽기, 동네 공원 산책하기. 미술관 가기, 카페에서 멍 때리기

전략 4:

나의 욕구가

충족되고
있는지
확인한다

"모든 도덕적 판단은,
긍정적이든 부정적이든
충족되지 않은 자기 욕구의 왜곡된 표현이다."

_마셜 로젠버그(Marshall Rosenberg)

욕구가 충족되지 않으면 행복을 느끼기 어렵다. 현재 삶에 만족하지 못한다. 마치 불만의 먹구름이 항상 머리 위에 떠 있는 것 같다. 우리는 행복하기 위해 꼭 필요한 무언가가 없다는 사실을 본능적으로 안다. 그게 정확하게 무엇인지 콕 짚어 내지는 못할지라도 말이다.

그래서 무언가에 대한 집착을 버리지 못하는 이유가 "그것이 나의 욕구를 충족하고 있다"라고 믿기 때문인 경우가 있다. 예를 들어 은퇴하기 전에 다녔던 좋은 직장은 인정받는 느낌을 주고 자신감을 북돋아 줬다. 깨진 연인 관계는 사랑과 친밀감을, 성공했던 경험은 성취감을 가져다줬다.

이러한 인식은 잘못된 경우가 많지만, 우리는 사실이라고 믿는다. 어쩌면 자신이 착각했음을 깨닫고 인정하기 전까지는 사실일 수도 있다. 어쨌든 결국에는 우리를 짓누르는 과거에서 벗어나기 힘들게 한다.

한 가지 모순은 이러한 오해로 인해 집착을 버리지 못할 뿐 아니라 실제로 욕구를 충족하지도 못한다는 사실이다. 안정감을 주었다는 이유로 해로운 관계에 집착하고 있다고 해 보자. 하지만 그 안정감은 신기루에 불과하다. 오히려 지나간 관계에 매달리느라 진정으로 정서적 안정감을 주는 건강한 관계를 경험할 기회를 계속 놓치고 있다.

이러한 이유로 집착을 버리기 위해서는 그것이 정말로 우리의 욕구를 충족하고 있는지 정확하게 판단해야 한다.

가장 먼저 할 일은 자신의 욕구를 파악하는 것이다. 누군가에게는 '매슬로의 욕구 5단계 이론'이 도움이 될지도 모르겠다. 그러나 자신의 동기를 온전히 이해하려면 더 깊게 탐구해야만 한다. 예를 들어 내게 동기를 부여하는 것은 자아실현과 관련된 일이라는 사실을 아는 것만으로는 온전한 도움이 되지 못한다. 개인적인 측면에서, 즉 "나에게 자기실현은 어떠한 의미인가?"에 먼저 답할 수 있어야 한다. '나'를 초점에 두고 다시 한번 질문을 던져 보라는 뜻이다.

욕구를 정확하게 파악하고 싶다면 첫 번째로 아래 질문에 답할 수 있어야 한다.

"만족하기 위해 나는 무엇이 필요한가?"

사랑과 애정인가? 자신감인가? 아니면 독립심인가? 타인에게 공감을 보여 줄 기회가 자주 필요한가? 구체화하는 것이 중요하다. 그래야 다음 단계로 넘어갈 수 있다.

그다음으로, 우리가 집착하는 무언가가 이러한 욕구를 정말로 충족하고 있는지 판단한다. 이 과정은 신중한 사고와 자기 성찰이 요구된다. 아마도 몇 년 동안이나 신호들을 잘못 해석하면서 실제로는 그렇지 않은데도 욕구가 충족되고 있다고 믿어 왔을 가능성이 크다.

일단 자신이 집착하는 것이 어떠한 욕구도 채워 주지 않고 있다는 사실을 알게 되면 훨씬 쉽게 마음을 정리할 수 있다. 그리고 최후에는 집착에서 벗어나 현재를 충실히 살아갈 수 있다.

1단계 —— 당신의 욕구는 무엇인가? 당신의 삶에서 만족을 느끼기 위해서 무엇이 필요한가?

예 애정, 우정, 안정감, 체계성, 예측 가능성, 모험과 열정이 가득한 즉흥적인

삶, 전문 분야와 관련된 생산성과 효율성, 뛰어난 능력

2단계 —— 당신이 집착하는 문제가 지금까지 찾아낸 욕구를 하나라도 충족하고 있는가?

1단계에서 적은 것들을 대상으로 당신이 집착하는 모든 해로운 관계와 불운한

선택, 불만을 비교해서 살펴본다.

1단계를 거치고 나면 행복하고 만족한 삶을 위해 무엇이 필요한지 직관적으로 알고 있는 것과
자신의 욕구를 종이에 적어 눈으로 직접 확인하는 것은 완전히 다르나는 것늘 깨닫고 놀랄지
도 모른다. 2단계의 대답이 "아니오"라면, 당신이 집착하는 문제가 얼마나 쓸모없고 헛된 것이
었는지 실감하게 될 것이다. ·

전략 5:

내 삶의

목적을
찾는다

"인간 존재의 신비는
단순히 살아 있음에 있는 것이 아니라,
삶의 목적을 찾는 데 있다."

_표도르 도스토옙스키(Fyodor Dostoyevsky)

이 전략은 바로 앞에서 언급한 네 번째 전략의 사촌 격이다. 우리는 고통스러운 기억과 부정적인 감정을 안겨 주는 문제가 우리의 욕구를 진정으로 충족하고 있는지 아니면 단순히 그런 것처럼 보일 뿐인지 파악하는 데 주목했다. 여기에서는 한 단계 더 깊게 들어가려고 한다. 미련을 버리지 못하고 놓아주지 못하는 그 대상이 우리에게 삶의 목적을 주고 있는지 살펴보자.

목적은 동기를 만들어 준다. 목적은 의지를 채워 주고 실천할 용기를 준다. 또한 행동에 영향을 주며 어려운 결정을 내릴 수 있게 한다. 감정을 통제하고 진짜 중요한 일에 집중할 수 있게 돕는다. 게다가 목적은 삶의 의미를 만들어 주며 우리가 만족하는지 불만족하는지의 갈림길에서 중요한 역할을 한다.

자신의 목적이 무엇인지 분명히 알 때 우리는 긍정적인 사람이 된다. 인생에 많은 기회가 있다는 사실을 인정하며 그 기회를 활용해 인생을 즐기고 싶어 한다. 그래서 자신이 무엇을 해야 하는지 잘 알고 있거나, 적어도 그것이 무엇인지 알아낼 수 있다고 확신한다.

이와 반대로 삶의 목적을 모르면 인생이 지루해지고, 공허함을 느끼며, 불안해진다. 심지어 절망감을 느끼기도 하고, "나는 주체성이 부족하다"라는 거짓되고 해로운 마음의 소리에 귀를 기울이게 된다.

즉 목적의식이 부족하면 더욱 과거에 집착하게 된다. 미래는 제멋대로인 데다가 무의미해 보이기 때문에 과거가 훨씬 중요하게 느껴지는 것이다.

그래서 목적을 찾는 일은 미련을 버리는 과정에서 필수 단계다. 불쾌한 기억이나 괴로운 사건, 애통한 선택이 우리 삶의 목적과 동떨어져 있다는 사실을 알게 되면 과거가 우리에게 큰 영향력이 없음이 명확해진다. 그렇게 관점이 변하면 미련을 내려놓는 일이 훨씬 수월해진다.

그렇다면 우리에게 삶의 목적을 부여하는 것이 무엇인지 어떻게 알 수 있을까? 여러분도 눈치챘겠지만 자기 성찰이 핵심이다. 자신에게 진정으로 의미 있는 것이 무엇인지 파악할 수 있도록 철저하게 질문을 던져야 한다. 이 질문들은 우리가 인생에서 소중하게 여기는 부분이 무엇인지 서서히 밝혀 줄 것이다. 그 범위는 인간관계나 직업적 성공에서부터 자기 계발이나 정신 수양에 이르기까지 다양하다.

한 가지 기억할 것이 있다. 오늘의 목적이 내일이면 또 달라질 수 있다. 그래도 괜찮다. 사실 바뀌는 것이 당연하다. 사람은 진화한다. 때로는 새로운 상황과 열정에 발맞춰 자신을 재창조하기도 한다. 그러니 다음의 트레이닝을 가끔 반복해 주는 것이 좋다.

1단계 —— **당신을 행복하게 하는 것은 무엇인가?**

당신이 꼭 해야 하거나 관심을 가져야 한다고 생각하는 것들은 제쳐 둬라. 다른 사람에게 좋은 인상을 주거나 자기 이미지를 지키기 위해 하는 일도 잊어버려라. 오로지 당신을 행복하게 하는 것만 생각해 보는 것이 이 단계의 목표다.

2단계 —— **무엇이 당신을 움직이는가?**

당신의 관심을 사로잡고 감정적인 반응을 일으키는 것을 떠올려라. 그것이 바로 열정을 느끼는 일이다. 당신의 가치관과도 일치할 것이다.

3단계 —— **당신이 잘하는 것은 무엇인가?**

타고난 재능 덕분이든 수년간의 교육과 훈련으로 얻은 것이든, 힘들이지 않고 할 수 있다고 느껴지는 일은 무엇인가? 잘하고, 또 수월하게 할 수 있는 일의 리스트를 적어 보라.

4단계 —— 당신이 가장 두려워하는 것은 무엇인가?

두려움은 삶의 목적을 찾는 일을 방해한다. 실패에 대한 두려움, 성공에 대한 두려움, 혹은 타인에게 평가받는 것에 대한 두려움일 수도 있다.

5단계 —— 앞으로 몇 년 뒤 당신이 죽는다는 사실을 알게 되었다면, 남은 시간을 어떻게 보낼 것인가?

무시무시한 질문임이 틀림없다. 하지만 사실 꽤 유용하다. 이 질문은 당신이 정말로 중요하다고 느끼는 것이 무엇인지 고민하게 만든다. 내게 남은 시간이 얼마 없다면 자신에게 의미 있는 일과 관심사에 시간을 쏟을 수밖에 없다.

6단계 —— **지금으로부터 10년 뒤에 당신은 어떤 사람이 되고 싶은가?**

여기에서는 당신이 이루고 싶은 목표와 그 목표를 이루고 싶은 이유, 얻고 싶은 것과 그것을 얻고 싶은 이유에 대해 고민해 보자. 당신은 어떤 유형의 친구, 부모, 형제, 동료가 되고 싶은가? 왜 그런가? 다시 말해 이 질문은 자신의 미래 모습과 그 원동력을 깊게 고민하는 계기가 될 것이다.

7단계 —— **삶의 마지막 순간에 인생을 돌아보면서 성공적으로 살아왔다고 말할 수 있는가?**

우리의 삶이 막바지에 다다르면 분명 지금과는 매우 다르게 보일 것이며 뒤늦은 깨달음을 얻을지도 모른다. 우리는 이 질문을 통해 삶을 미리 성찰할 수 있다. 나는 가치관과 우선순위에 따라 인생을 살았는가? 내가 하고자 하는 기여를 했는가? 나에게 의미 있는 방식으로 변화를 만들었는가?

이 트레이닝에 따라 깊게 고민하고 솔직하게 답한다면 삶의 목적과 방향성이 선명해진다. 인생의 사소한 걱정은 떨쳐 내고 자신에게 정말로 중요한 문제에 집중할 수 있나. 그리고 괴로운 기억과 우울한 생각을 해결할 실마리를 찾고, 이런 고민이 무의미하며 이제는 떠나보내도 괜찮다는 사실을 인정하게 된다.

전략 6:

지금 너무나

고통스럽다는 사실을
인정한다

"'현재'의 힘을 이용할 수 없는 한,
당신이 경험하는 모든 감정적 고통은
내면에 살아 숨 쉬는 고통의 잔재를 남긴다."

_에크하르트 톨레(Eckhart Tolle)

감정적 고통은 매우 다양한 상황에서 발생한다. 사랑하는 사람을 잃는 경험, 지속적인 사회적 고립, 깨진 관계, 매일 보는 사람의 괴롭힘 등은 고뇌와 괴로움을 안겨 준다. 낮은 자존감, 실직, 투자 실패도 같은 결과를 가져온다.

정신적 고통을 받을 때 우리는 종종 감정의 문을 닫아 버린다. 감정을 억누른 채 인생을 살아가면서 고통을 냉정하게 대한다. 일에 몰두하거나 필요 없는 물건을 구매하기도 하고, 심지어는 자신에게 해롭다는 걸 알면서도 폭음이나 마약 복용, 자해 같은 행동에 빠지기도 한다. 요컨대, 고통이 가까이 오지 못하게 막고자 무슨 일이든 한다.

불행하게도 이러한 태도로는 아픔을 적절하게 해결할 수 없고, 감정도 처리할 수 없다. 부정적인 감정을 발산하여 떠나보낼 기회를 스스로 빼앗는 것과 다름없다. 집착을 버리고 멘탈을 회복시키기가 점점 어려워진다.

하지만 고통을 내려놓기 위해서는 고통을 똑바로 직시해야 한다. 한눈팔지 않고 마주 봐야 한다. 필요하다면 슬퍼하고 충분히 아파해야만 고통을 놓아줄 수 있고, 마침내 다시 인생을 살아갈 수 있다.

감정적 고통은 회피하기보다 수용해야 한다. 자신이 느끼는 감정을 있는 그대로 인정하고, 그 감정이 진짜이며 타당하다는 믿음을 가지고 이를 받아들여야 한다. 그렇지만 이 과정에서 자신을 피해자라고 생각해도 된다는 의미는 아니다. 감정을 억누르기보다는 고통을 인정하고, 그 원인을 찾고, 똑바로 마주하며, 결국 그로부터 자유로워지는 것이 우리의 목표다.

이렇게 우리는 고통을 내려놓고, 치유하고, 용서하고, 자존감을 되찾아 앞으로 나아간다.

실전
트레이닝

1단계 —— **일기를 써라.**

당신의 감정을 가능한 자세하게, 낱낱이 기록한다. 슬펐는가, 화가 났는가, 큰 충

격을 받았는가, 아니면 무력했는가? 당신이 느낀 모든 감정을 적는다. 이 글은

길거나 유창할 필요는 없다. 단순하게 감정을 나열하는 것만으로도 충분하다.

2단계 —— **당신이 그런 감정을 느끼게 한 사건이나 상황, 원인은 무엇인가?**

일기를 한쪽에 두고 눈을 감은 뒤 감정의 원인을 파악해라.

3단계 —— 나에게 보내는 간단한 편지 형식의 글을 쓰고 처음부터 끝까지 소리 내 읽어라.

이 편지에는 어떤 일이 일어났으며 무슨 감정을 느꼈는지 적는다. 편지를 쓰면서 당신은 고통을 인정하고 감정을 표현할 기회를 얻게 된다. 이로써 감정은 더 명백하고 뚜렷해진다. 자신의 감정이 진짜라는 사실을 받아들이고, 고통을 수용하고, 그렇게 느끼는 이유를 이해하기가 훨씬 쉬워질 것이다.

간단해 보이지만 억눌린 감정이 어마어마하게 쌓여 있는 사람에게는 쉽지 않은 과정일 수 있다. 서두르지 말자. 집착으로 인한 고통스러운 감정을 완전히 이해할 수 있도록 충분한 시간을 갖도록 하자.

전략 7:

후회 속에서
미래를 위한

통찰을
찾아낸다

"미련을 버리는 과정에서
당신은 과거로부터 많은 것을 잃겠지만,
진정한 자신을 발견하게 될 것이다."

_디팩 초프라(Deepak Chopra)

사람은 누구나 후회를 한다. 우리는 실수를 저지르고, 잘못된 선택을 한다. 나중에 후회할 말도 내뱉는다. 알면서도 우리의 몸과 마음에 해로운 행동을 하기도 한다. 좋은 기회를 놓칠 때도 있다. 인생에서 후회는 불가피한 것이다.

하지만 그렇다고 해서 과거에 얽매여 있어야 한다는 뜻은 아니다. 사실 후회에서 벗어나지 못한다는 건 어떤 것도 배우지 못했다는 의미이기도 하다. 숨어 있는 교훈을 발견하지 못한 것이다.

아직은 말이다.

실수는 놀라운 배움의 기회를 준다. 적극적인 자세로 실수를 따져 보면 탐탁지 않은 결과를 야기한 우리의 행동과 결과를 발견할 수 있다.

후회의 감정을 살펴보고 그 안에서 가르침을 찾는 일은 종종 집착을 놓아주고 멘탈을 회복시키는 데 중요한 열쇠가 된다. 훗날 더 효율적으로 행동하고 결정하는 데 도움이 될 통찰을 얻었다면 후회는 유용한 목적을 달성한 것이다. 그리고 다시 앞으로 나아갈 삶의 활력을 얻을 수 있다.

실수에서 깨달은 가르침은 훨씬 긍정적인 태도와 높은 자신감, 주체성을 가져다 준다. 끊임없이 "내 인생은 망했어"라고 생각하는 대신, 한층 더 성숙해진 인식 덕분에 멘탈은 다시 회복되고 오히려 전보다 훨씬 더 단단해진다.

마음가짐을 바꾼다면 우리는 적극적으로 배움의 기회를 찾을 수 있다. 불행과 슬픔, 고통 속에서도 교훈을 찾아내 성장하는 것이 가능하다.

변화는 쉽지 않다. 사실은 매우 어려운 일이다. 사람이 변화하기 위해서는 수년간의 조건화에 맞서고 이를 부정해야 한다. 하루아침에 변할 수 있는 사람은 드물다. 모든 새로운 습관이 그렇듯이 반복적인 연습이 있어야 가능하다. 부정적인 감정을 일으키는 사건 속에서 깨우침을 얻는 훈련을 꾸준히 반복하면 결국에는 습관이 될 것이다. 그러면 후회의 마음과 부정적인 태도를 버리기가 훨씬 수월해진다. 다음 페이지의 실전 트레이닝이 도움이 될 것이다.

1단계 —— **당신이 지금 미련을 버리지 못하는 것은 무엇인가?**

> **예** 이루어지지 않은 사랑, 완전히 망쳐 버린 프레젠테이션, 상당한 비용을 손
> 해 본 선택, 스스로 몹시 싫어하는데도 계속하게 되는 행동(일 미루기, 다른
> 사람의 비위 맞추기, 약속 어기기 등)

2단계 —— **당신은 왜 이 문제를 후회하는가? 지금 이 후회는 당신의 어떠한 행동에서 비롯**
된 것인가?

이 질문에는 두 가지 목적이 있다. 첫째는 우리가 통제할 수 있는 문제와 그렇지
않은 것을 구분하기 위함이다. 우리가 통제하기 어려운 문제였다면 스스로를
탓할 이유가 없다.

둘째, 만약 우리에게 통제력이 있었던 문제라면 자신의 실수를 인정할 수 있게
된다. 이는 후회를 통해 깨달음을 얻기 위한 중요한 단계다.

3단계 —— **당신이 이루고자 했던 것은 무엇인가?**

당시의 행동이나 결정은 분명 우리의 기대에 미치지 못했다. 이 질문을 통해 어떤 부분에서 일이 틀어졌는지 확인할 수 있다.

4단계 —— **이 경험에서 무엇을 배울 수 있는가?**

이 질문의 목적은 훗날 같은 실수를 저지르지 않기 위함이다. 내가 통제할 수 있었던 어떤 행동을 지금 후회하고 있다면, 앞으로 어떻게 행동해야 할지 훌륭한 통찰을 얻을 수 있고 결국에는 긍정적인 변화에 도달할 것이다.

이 트레이닝은 불행한 기억과 불쾌한 사건, 상실 및 낙담이 무거운 짐으로 남지 않고 오히려 좋은 기회가 될 수 있게 도와준다. 깨달음을 실천에 옮긴다면 삶의 주체성을 찾고 과거에 대한 미련을 버릴 수 있다.

전략 8:

이상적인 자아는

환상에 불과하다는
사실을 인정한다

"당신이 저지른 영광스러운 실수를 포용하라."

_엘리자베스 길버트(Elizabeth Gilbert)

사람은 더 나아지고 싶다는 열망을 가지고 있다. 미래에 되고 싶은 모습을 그리며 그 이상을 현실로 만들기 위해 노력한다. 그것이 인간의 특성이다. 이는 명예로운 목표이자 사람이 꾸준히 성장하는 데 있어 중요한 역할을 한다.

하지만 이러한 열망은 양날의 검이다. 더 나아지겠다는 목표 안에는 현재 모습은 자신이 되고 싶은 사람이 아니라는 판단이 숨어 있기 때문이다. 즉, 현재 자신의 모습이 이상적 자아에 미치지 못한다고 생각한다.

예를 들어 평생 외과 의사가 꿈이었던 사람이 있다고 가정해 보자. 의대에 입학해 학위를 얻고 레지던트 과정을 거치고 난 뒤에야 그는 자신이 사람 피를 보기 힘들어한다는 사실을 알게 된다. 그러자 갑자기 이상적 자아가 위태로워진다. 현재의 진짜 자아가 이상적인 기준에 미치지 못하는 것이다.

이러한 생각은 무의미한 자기 비난에 빠지게 한다. 자신이 이상에 '부합'하지 못했다는 이유로 크게 자책한다. 도달하지 못한 목표와 놓쳐 버린 기회들을 떠올리고, 우리의 마음은 후회와 억울함, 실망으로 가득 찬다.

이러한 감정들은 어떤 제지도 받지 않은 채 부풀어 오른다. 그러다가 결국 우리의 마음을 가득 채우고, 이상적 자아를 실현하지 못했다는 생각에 집착하게 된다. 이 마음은 후회와 수치심을 느끼는 상태에 당신을 가두어 버린다. 현실을 받아들이고 통제할 수 없는 문제는 포기하면서 다시 인생을 살아가는 대신, '내가 가져야만 했던 것'에 집착하게 만든다.

이처럼 건강하지 못한, 자책하는 태도로는 멘탈을 회복시킬 수 없기 때문에 자신의 이상적 자아는 신기루에 지나지 않는다는 사실을 반드시 깨달아야 한다. 이상적인 자아는 사막의 오아시스처럼 손에 잡히지 않는 환상에 불과하다. 환상에 집착하는 한, 우리는 진짜 자아를 받아들이는 법을 배울 수 없다.

이상적 자아를 포기한다는 건 단순한 결정이 아니라 하나의 과정이다. 다만 현재의 내 모습을 기반으로 성장하며 겪는 우여곡절로 받아들일 수 있을 때 우리의 인생은 다시 앞으로 나아갈 수 있다.

1단계 —— '나의 가치관'이라는 제목을 적은 뒤 당신이 중요하게 여기는 모든 가치관을 나
열하라. 가능한 많이 써라.

    예   성실, 영혼, 안정감, 용기, 열정, 정직함, 자립, 투지, 투철한 직업의식 등

2단계 —— '나의 관심사'라고 제목을 쓰고 당신의 열정을 샘솟게 하는 모든 것을 적어라.

    예   요리나 원예, 기타 연주, 역사책 읽기, 사회적 대의명분 따르기, 또는 먼 나
라로 여행 떠나기

3단계 —— **마지막으로 '시간을 더 투자해도 좋을 만한 분야'를 적는다.**

당신이 현재 매우 아끼고 조금 더 관심을 쏟아야 한다고 생각하는 가치들을 써

라. 뒤로 미뤄 두었던 관심사와 열정을 적어라.

이 트레이닝은 이상적 자아에 집착하지 않고 현재의 나에게 집중하는 데 도움이 된다. 도달할
수 없는 이상화된 자아에 부응하려고 애쓰기보다 현재 상황을 인정하고 더 성장하기 위해 노
력하자. 그 길을 따라가다 보면, 자신이 원하던 모습이 되지 못했다는 현실에 대한 후회와 실망
에서 벗어날 힘을 얻게 된다.

전략 9:

자존심을
굽히고

인간의
불완전성을
받아들인다

"자존심은 배고픔, 갈증, 추위보다
더 큰 대가를 치르게 한다."

_토마스 제퍼슨(Thomas Jefferson)

자존심은 종종 자부심이나 자신감과 혼동해서 사용되곤 한다. 자신 감이나 자부심은 내가 그 일을 해낼 수 있다는 능력에 대한 믿음을 뜻하는 반면, 자존심은 남에게 굽히지 않고 스스로를 지키는 마음을 뜻한다. 그런데 자존심은 자아의 어두운 면과 잘 어울려서 이를 방치 하면 오만하고 거만해질 수 있다. 그리고 결국은 파괴적인 힘을 행사 한다. 예를 들어 사업이 큰 성공을 거두면 '자존심'이 자란다. 자신보 다 큰 성공을 거두지 못한 사람 앞에서 그를 깎아내리는 행동을 한 다. 인간관계나 일, 중요한 선택에 있어 다음과 같은 걸림돌이 된다.

- 자신의 실수를 인정하지 않고 스스로 완벽하다고 확신한다.
- 자발적으로 사과하는 일이 줄어들고, 다른 사람에게 책임이 있으니 오히려 사과를 받아야 한다고 믿는다.
- 자기 가치를 판단하기 위해 습관적으로 다른 사람과 자신을 비교한다.
- 나는 뒤처지지 않아야 한다는 집착이 생긴다.

정확히 말하면, 자존심은 본질적으로 나쁜 것은 아니다. 실제로는 유용한 역할도 한다. 자신의 강점을 인정할 수 있게 하고, 중요한 목표를 이룰 수 있도록 용기를 준다. 하지만 자만과 나르시시즘을 자초할 수 있는 양날의 검이다. 자존심을 지나치게 세우면 우월한 모습을 보여 주는 데 너무 열중한 나머지 이에 반발하는 모든 것에 집착하게 된다. 다른 사람보다 자신이 더 우월하다고 믿고, 자기 생각에 지나친 확신을 갖는다.

그렇기 때문에 우리는 자존심을 굽힐 줄 알아야 한다. 자존심을 굽히면 감정적 혼란을 일으키는 집착에서 벗어나고자 할 때 가장 방해가 되는 장애물을 하나 제거하는 셈이다.

확실히 짚고 넘어가자. 자존심을 굽히라는 게 자존심을 저버리라는 의미는 아니다. 그저 인간의 불완전성을 인정하자는 뜻이다. 자신의 강점과 가치는 인정하되 우리는 인간이기에 자신에게 해로운 행동과 말을 하고, 감정을 느낄 수 있다는 사실을 받아들여야 한다.

그렇다면 어떻게 해야 자존심이 우리 삶을 장악하지 않을 수 있을까? 어떻게 해야 우리를 비참하게 만드는 집착에서 벗어나려는 노력을 방해하지 않을까?

다음 트레이닝이 도움이 될 것이다.

1단계 ── 당신이 자랑스러워하는 당신의 모습은 무엇인가? 당신이 자신감을 얻었던 일
은 무엇인가? 목표를 이루었거나 가르침을 얻었거나 고난을 극복한 일이 있을
것이다. 그걸 적어라.

예 면접을 성공적으로 마친 후 좋은 일자리를 얻었다. 어렵지만 정말 맛있는
음식을 만드는 법을 배웠다. 로맨틱한 데이트를 했다.

2단계 ── 당신은 언제 방어적인 태도를 보였는가? 최근에 당신의 행동이나 선택, 심지어
는 속마음까지도 스스로 정당화하려고 했던 때는 언제인가?

예 동료와 말다툼하던 중 내 행동이 문제를 일으켰다는 평가를 들었을 때. 친
구가 나의 투자 결정에 대해 충고를 건넸을 때. 이웃이 새로운 차를 구입
한 것을 보고 내가 오래된 차를 타는 이유를 혼자 합리화했을 때

3단계 —— 2단계에서 적은 것들을 하나하나 살펴보면서 이렇게 질문을 던져라.

"이 행동이 첫 번째에 적은 내용을 하나라도 부인하는가?"

예를 들자면, 차를 구입한 이웃 때문에 당신이 좋은 직장을 구했다는 사실이 없던 일이 되는가? 훌륭한 음식을 만들 수 있다는 사실이 무효가 되는가?

모든 항목을 대입해 봐도 당신의 답은 분명 "아니다" 또는 "당연히 아니다"일 것이다.

이 과정은 당신에게 정당한 자신감을 준 것과 반사적으로 자존심을 보호하게 만든 것 사이의 연결 고리를 끊게 도와준다. 그러면 결국 자신의 실수를 인정하고, 책임을 받아들이고, 사소하고 무의미한 타인과의 비교를 멈추는 일이 훨씬 쉽고 자연스러워질 것이다.

전략 10:

죄책감과
수치심이

아무 도움이
되지 않음을
인정한다

"수치심은 우리가 변화할 수 있다고 믿는
바로 그 마음을 좀먹는다."

_브레네 브라운(Brene Brown)

죄책감과 수치심은 고통스럽고 해로운 감정이다. 두 감정은 우리가 저지른 잘못을 떠올리게 하고, 그 과정에서 종종 자기 자신이나 주변 사람에게 좋지 않은 영향을 끼친다. 또한 다른 사람들로부터 애정이나 우정을 받을 자격이 없다고 믿게 만든다. 이러한 감정을 해결하지 않으면 심각한 스트레스와 불안을 경험하고 끝없는 자책에 빠질 수 있다.

　하지만 앞서 살펴본 자존심과 마찬가지로, 죄책감과 수치심은 불쾌한 감정이긴 해도 중요한 역할을 한다. 특정 행동이 우리의 가치관에서 벗어났다는 신호를 뇌에 보내는 것이다. 자기 신조에 어긋나는 행동을 하면 이러한 감정을 통해 도덕적, 윤리적 결함을 인지할 수 있다.

　이 특성에 유념한다면 죄책감과 수치심을 이용해 우리의 행동을 바꾸는 것이 가능하다. 자신이 저지른 잘못을 자세히 살펴보고, 죄책감과 수치심을 느낀 이유를 찾고, 이를 바로잡으면 된다. 그렇게 우리는 가치관에 맞게 행동할 수 있다.

하지만 안타깝게도 이 단계에 도달하는 사람은 거의 없다. 시간을 들여 자신의 감정을 깊게 들여다보면서 그 원인을 탐구하지 않고, 죄책감과 수치심이 마음속에서 곪게 그냥 내버려 둔다. 자신의 어떠한 행동 때문에 기분이 안 좋다는 사실을 알아도 자존심과 자존감, 그리고 두려움 때문에 그 감정을 받아들이지 않는다. 그러면서도 내면에 항상 존재하는 비평가에게 비난의 목소리를 낼 자리를 기꺼이 마련해 준다.

자기 비난은 시간이 흐르면서 자아 이미지를 파괴하고 자존감을 무너뜨릴 수 있다. 그리고 우리 마음속에 완전히 자리 잡고 나면 자신을 동정하고 용서하기가 더욱 어려워진다. 죄책감과 수치심에서 벗어나지 못한 채, 자신의 잘못을 끊임없이 벌한다.

결국 이런 마음은 자신감 있게 목적을 향해 나아가지 못하게 방해한다. 자신을 용서하지 못하고, 그럴 의지도 없이 과거에 갇힌 채 현재를 살아가지 못하게 만들어서 우리 삶 전체에 영향을 미친다.

죄책감과 수치심을 버리기 위한 첫 번째 단계는 두 감정이 우리 삶에 얼마나 부정적인 영향을 끼치는지 깨닫는 것이다. 이 과정은 생각보다 복잡하고 자기 분석의 시간이 제법 필요하다.

1단계 —— 최근에 죄책감과 수치심을 느꼈던 순간을 적어라.

당시 상황을 설명하고, 어떤 생각이 들었는지 써라. 무엇이 당신을 그렇게 행동

하게 했는가? 이 내용은 당신이 허락하지 않는 한 아무도 읽을 수 없으니, 솔직

하게 적어라.

2단계 —— 그 행동이 당신에게 죄책감과 수치심을 들게 한 이유는 무엇인가? 당신의 행동

이 평상시와는 다르게 특정한 가치관을 침해했는가?

그랬다면 그 가치관이 무엇인지도 써라. 두 가지 이상이라면 전부 적어라.

3단계 —— 그 사건으로 느낀 감정을 솔직히 묘사해라.

　　예　비난을 받을까 봐 두려웠다. 몹시 당황했다. 너무 부끄러워서 나 자신은
　　　　물론 그 누구에게도 용서받을 수 없다는 생각이 들었다.

4단계 —— 3단계에 정리한 감정들은 미래의 행동과 선택에 어떤 영향을 미치는가?

　　예　비난받을까 봐 두려워서 상대를 회피하게 하고 죄책감과 수치심을 더 키
　　　　울 것이다. 타인과 관계 맺기를 꺼리게 되면서 스스로 고립시키고 절망에
　　　　빠질 수 있다. 용서받을 자격이 없다는 믿음은 내 모든 생각을 깎아내린
　　　　다. 감정 마비 상태에 이른다.

이 과정을 거치면 죄책감과 수치심이라는 감정이 우리가 행동하고, 용서하고, 치유하고, 마침
내 회복하는 과정을 어떻게 방해하는지 배울 수 있다. 죄책감과 수치심을 내려놓는 것이 목표
가 아니다. 아직은 때가 아니다. 그보다는 이 감정의 부정적인 영향력에만 주목한다. 이건 매우
중요한 단계로, 우리의 시간과 관심을 투자할 가치가 분명히 있다.

타인의
생각을

신경 쓰지
않는다

"다른 사람이 나를 어떻게 생각할지 걱정하는 순간,
나는 그들의 포로가 된다."

_노자(老子)

다른 사람이 나를 어떻게 생각할지 신경 쓰지 않는 사람은 없다. 이건 본능적이다. 행복은 대부분 타인과의 관계에서 온다. 당연히 우리는 그들의 관심과 존중, 칭찬을 받고 싶어 한다. 그리고 그 결과를 위한 선택과 행동을 한다. 친구나 동료, 사랑하는 사람, 주변 지인으로부터 긍정적인 반응을 끌어낼 법한 행동을 하고, 부정적인 반응을 일으킬 것 같은 행동은 피한다.

이러한 본능이 도움이 될 때도 있다. 일정한 행동 기준을 지킬 수 있게 하고 의도적이든 아니든 타인에게 해가 되기보다는 도움을 줄 수 있도록 부추긴다. 이 본능은 과거의 선조들이 포식자나 위험한 환경과 같은 여러 위협과 맞서 싸워야 할 때 살아남기 위해 꼭 필요한 것이었다. 집단에 해가 되는 행동을 하면 외면당하고 버려질지도 모른다. 그렇게 되면 큰 위험에 처할 수 있다.

그러나 이제 우리는 선조들이 맞닥뜨린 위험과 위협에 맞서지 않아도 된다. 현대에는 즉각적인 위험에 처할 일이 거의 없다. 그래서 무리를 짓는 일 역시 더 이상 생존의 문제가 아니다.

그럼에도 여전히 우리는 타인의 인정을 갈구한다. 그들이 나에 대해 어떻게 생각할지 항상 걱정한다. 비난을 두려워하고, 인정받을 수 있는 행동과 선택을 하려고 한다. 간단히 말해, 우리는 지금도 무리에서 거부당하고 제외될까 봐 두려워한다.

문제는 이러한 두려움 때문에 고통과 괴로움을 안겨 주는 문제에서 집착을 버리기가 매우 힘들어진다는 사실이다. 다른 사람에게 인정받는 삶에 집착하면 자신의 감정을 직시하고, 잘못을 용서하고, 앞으로 나아갈 수 있는 자유가 억눌린다. 집착을 내려놓는 과정이 타인의 인정을 향한 갈망과 뒤얽힌다. 그리고 이러한 불안함 때문에 '다른 사람의 인정을 받았는가'라는 가혹하고 지독한 잣대로 자기 생각과 선택, 행동을 지나치게 분석한다.

이 불행의 고리를 끊어야 한다. 우리의 선택과 행동이 친구나 동료, 사랑하는 사람에게 어떻게 보일지 걱정하는 마음을 버려야 한다. 그렇게 한다고 해서 갑자기 소시오패스라도 될까 봐 걱정할 필요는 없다. 도리어 마음의 자유를 얻어 부정적인 생각과 감정을 온전히 이해하고, 자신을 동정하고, 마음을 치유한 뒤 새로운 삶을 살아갈 것이다.

1단계 ──── **당신의 가치관은 무엇인가?**

당신이 일을 하고, 인생을 살아가고, 사람들과 관계를 맺는 데 있어 중요하다고

생각하는 모든 성격 특성을 적어라.

2단계 ──── **당신의 행동을 변화시키는 타인의 행동은 무엇인가?**

예 타인의 비난, 당신이나 주변 사람에 대한 소문, 당신에게 호통을 친 사람,

당신에게 실망했다는 말, 당신의 말을 듣고 눈살을 찌푸리는 얼굴

3단계 —— 최근에 다른 사람의 생각이나 의견 때문에 불안해진 적이 있는가?

아주 조금이라도 당신의 자아상을 훼손한 일이 있다면 전부 떠올려 보자.

4단계 —— 3단계의 사건을 다시 읽어 보고 1단계의 목록을 살펴본 뒤 질문에 답하라.

"내가 불안을 느낀 건 나의 가치관이 침해당했기 때문인가?"

만약 답이 "그렇다"라면 실수를 되풀이하지 않을 방법을 찾아라.

아마 대부분 "아니다"라고 답할 것이다. 그렇다면 당신의 자아상을 훼손한 다른

사람의 생각은 아무런 쓸모가 없다는 사실을 받아들여라.

이 훈련은 우리의 행동과 선택에 관한 다른 사람의 의견에 서서히 둔감해지도록 도와준다. 자신이 중요하게 생각하는 가치들을 고수하는 한, 타인의 의견 때문에 안절부절못하는 일은 분명히 사라질 것이다.

전략 12:

모든 사람을

행복하게 하려고
애쓰지 않는다

"다른 사람에게는 '예스'라고 말하면서
자기 자신에게는 '노'라고 말하지 말라."

_파울로 코엘료(Paulo Coehlo)

다른 사람을 즐겁게 하는 것은 큰 만족감을 준다. 상대의 기분을 풀어 주기 위해 한 말 때문에 그 사람이 미소를 지으면 기분이 좋아진다. 내가 베푼 선의에 상대가 즐거워하면 나 역시 행복하다. 한 연구 결과에 따르면, 상대를 기분 좋게 하는 것은 내가 기분이 좋아질 수 있는 최고의 방법이라고 한다.

하지만 이러한 태도가 다른 우선순위를 대신하기 시작할 때 문제가 발생한다. 타인의 행복을 자신의 욕구보다 더 중요하게 여기게 되기 때문이다.

예를 들어 당신은 스트레스가 많았던 힘든 한 주를 마치고 휴식의 시간이 절실히 필요하지만 주말에 회사에 나와 일을 하라는 지시를 받아들인다. 이 선택이 상사를 만족시킬 수는 있지만, 당신에게는 더 큰 스트레스를 안겨 준다. 혹은 당신은 아무 잘못이 없는데도 친구에게서 비난의 말을 들으면 친구의 마음을 달래기 위해 사과하고 용서를 구한다. 당신은 마음의 상처를 입으면서까지 친구의 기분을 풀어 준다.

모든 사람을 만족시키려는 끊임없는 노력은 우리에게 고통만을 남긴다. 그들의 우선순위를 지키다가 나 자신을 잃는다. 타인의 욕구와 바람을 채우는 데 너무 많은 에너지를 써 버려서 내가 진정으로 무엇을 원하는지, 어떻게 해야 행복해질 수 있는지 생각할 수가 없다.

더구나 억울함이나 괴로움, 좌절, 분노, 비난, 후회, 원한의 감정을 놓아 버리기 위해서는 이를 성찰할 시간과 에너지가 더 많이 필요하다. 감정에 집착하게 만든 수년간의 감정 조건화를 재구성하기 위해 각고의 노력을 기울여야 한다.

그러나 다른 사람을 행복하게 하는 일에 집중하면 자기 성찰에 필요한 시간과 에너지를 빼앗긴다. 더 깊은 감정의 골에 빠지고, 내면의 부정적인 감정을 내려놓을 수가 없다. 타인의 행복을 위해 자존감과 자아상을 희생하는 격이다.

다음의 트레이닝은 모든 사람을 만족시키려는 마음을 거스를 수 있도록 도와준다. 결과적으로 자신의 욕구에 전념할 수 있는 자유와 주체성을 얻을 것이다.

1단계 —— 당신의 우선순위, 중요한 일과 책임을 차례대로 적어라.

> 📝 직장에서 끝내야 하는 작업, 마감 기한이 있는 프레젠테이션, 가정에서 해
> 야 할 집안일, 가족과의 약속

2단계 —— 최근에 타인을 만족시키기 위해 어떤 행동을 했는가? 당신의 시간과 에너지를
낭비하게 한 일들은 무엇인가?

> 📝 마감 기한이 있어서 급히 해야 할 일이 있는데 친구의 이사를 도와주기,
> 기분이 안 좋은 친구를 위로하고 웃어 주기, 매번 지갑을 두고 왔다고 둘
> 러대는 직장 동료에게 점심 사기

3단계 ── 1단계와 2단계의 목록을 비교해 보자. 그리고 다음 질문에 답하라.

"2단계 목록의 일 때문에 1단계 목록 중 하나라도 집중하지 못한 적이 있는가?"

친구에게 웃어 주기는 그렇게까지 큰 영향력은 없을 수 있다. 하지만 마감 기한이 얼마 남지 않았을 때 친구의 이사를 돕는 일은 실제로 당신의 우선순위에 영향을 줄 수도 있다.

이 트레이닝의 목적은 다른 사람의 행복을 위한 노력이 도리어 자신에게 해가 되는 순간을 깨닫는 것이다. 이 사실을 인지한다면 시간과 에너지를 어디에 투자할지 현명한 기준을 세울 수 있다.

전략 13:

행복해져야
한다는

강박을
내려놓는다

"행복은 멋진 척하기와 비슷하다.
애쓰면 애쓸수록 더 얻기가 어려워진다.
그러니 행복해지려고 애쓰지 말고, 현재 삶에 충실하라."

_마크 맨슨(Mark Manson)

집요하고 끝없는 행복 추구는 득보다는 실이 많다. 무슨 말인지 언뜻 잘 납득이 되지 않을 수 있지만 내 말에 귀를 기울여 주길 바란다.

우리가 어렸을 때를 떠올려 보자. 친구들 앞에서 '힙'한 사람처럼 보이고 싶다. 친구나 반 아이들에게 강한 인상을 남기고 싶고, 우리가 같이 어울려 놀 만큼, 아니면 같이 어울리지 못할 만큼 멋지다는 걸 확인받고 싶다. 하지만 생각처럼 잘되지는 않는다. 트렌디하고 인기 있는 것처럼 보이려고 애쓰면 애쓸수록, 행동이 부자연스러워진다. 그렇다, 멋진 사람이 되려고 노력할수록 스스로 볼품없게 느껴진다.

인생의 행복도 비슷한 방식으로 작동한다. 행복해지려고 애쓸수록 불행해진다. 때로는 행복을 위해 너무 절실히 노력한 탓에 오히려 비참해지기도 한다.

분명한 건 행복해지고 싶은 마음에는 아무런 잘못이 없다는 것이다. 사람은 누구나 행복한 삶을 원한다. 하지만 이런 방식으로 행복을 손에 쥐려고 하면 종종 정반대의 결과가 나타난다.

그 이유 중 하나로 행복에 집착하는 바람에 실패가 주는 충격에 과하게 반응한다는 점을 들 수 있다. 우리는 실패를 겪고 나면 그 상황에 어울리지 않는 극도의 부정적인 감정을 느낀다. 저널 〈이모션 Emotion〉에 발표된 한 연구에 따르면, 행복에 지나치게 집착한 사람들이 더 많은 강박을 느낀다고 한다. 행복에 집착하다 실패로 인한 부정적인 생각과 감정에 더 갇히게 되기 때문이다.

행복에 대한 집착이 불행을 가져오는 또 다른 이유는 잘못된 기대와 관련이 있다. 우리는 무언가를 얻으면 행복해질 것이라는 잘못된 기대를 한다. 그래서 그 결과가 행복을 가져오지 않으면 좌절하고 낙담한다. 어쩌면 행복은 이룰 수 없는 꿈이라고 확신하며 절망에 빠질지도 모른다. 우리는 성공하면 행복해질 거라는 믿음 때문에 평생을 바쳐 열심히 살아왔지만, 목표를 이룬 뒤에 자신이 진정 원하는 것이 아니었음을 깨닫는 사람에 대한 이야기를 흔히 접하곤 한다.

사실 행복은 우리의 힘으로 만들 수 있는 것이 아니다. 적어도 장기적으로 대단한 의미를 부여하는 식으로는 얻을 수 없다. 그보다는 우리의 행동이나 선택 또는 인간관계나 특정한 경험, 사소한 사건들을 통해 생겨난다. 그렇기 때문에 행복을 얻기 위해 열심히 노력하기보다는 이러한 요소들에 우리의 시간과 노력을 집중시켜야 한다.

행복에 대한 과도한 집착을 버려라. 그게 우리의 무너진 멘탈을 수습하고, 잘 정돈해서 다시 단단하게 회복하는 데 더 효과적이다.

1단계 —— 당신을 행복하게 해 줄 것이라고 믿는 것들을 전부 적어라.

> 예   매력적인 사람 되기, 부유해지기, 유명해지기(심지어는 악명 떨치기), 아주
> 오랫동안 자유 시간 갖기, 비싼 자동차 사기, 저택에 살기, 직장 동료로부
> 터 좋은 평가 받기

2단계 —— 당신이 진정으로 행복하다고 느꼈던 순간은 언제인가? 행복을 주었던 사건들
을 돌이켜보라.

> 예   아이들과 함께 시간을 보낼 때, 아이들 얼굴에 떠오른 즐거운 표정을 봤
> 을 때, 간절히 바라던 휴가를 와서 해변을 바라보며 쉴 때, 가족이 한자리
> 에 모였을 때

3단계 —— 1단계의 목록은 당신이 얻지 못한 것들이지만 2단계 목록은 이미 행복을 느낀 경험이라는 사실에 주목해 보라.

예를 들어, 당신은 부자가 되어야만 행복해질 것이라고 기대하지만 실제로는 내 아이가 즐거워하는 모습을 볼 때도 행복할 수 있다. 행복해지려면 람보르기니 우라칸을 타야 할 것 같지만, 가족이나 친구와 식사를 하고 수다를 떨 때도 충분히 행복하다.

이 트레이닝은 행복에 대한 관점을 바꿔 준다. 우리가 미래에 혹은 언젠가 행복해질 수 있다는 믿음 대신, 행복은 현재의 상황이나 특정한 경험의 여파일 수 있다는 개념을 알려 준다. 이 새롭고 건강한 관점을 받아들이고 나면 당신의 고통과 괴로움, 그리고 소모적이고 파괴적인 감정을 잘 살피고 결국에는 이를 놓아 버리는 데 전념할 수 있다.

전략 14:

의사결정
과정에

문제가 없는지
따져 본다

"삶은 선택의 문제다.
그리고 그 모든 선택이 지금의 당신을 만든다."

_존 맥스웰(John C. Maxwell)

인생에서 만나는 후회와 분노, 불만의 대부분은 우리의 선택에서 시작되었다. 우리가 선택했고, 훗날 그 선택을 후회한다. 그것이 바로 인생이다.

예를 들어, 자신에게 상처가 될 것이라는 걸 예상하면서도 어떤 사람과의 사랑에 뛰어들었다고 해 보자. 시간이 흘러 관계의 해로움과 지나치게 의존하는 문제, 그밖의 불행한 상황을 겪으며 과거의 예상이 사실이었음을 깨닫는다. 너무 뻔하게도 관계는 파멸에 이르고, 분노와 억울함을 느끼며 큰 상처를 입는다.

또는 시장 조사를 한 결과 해당 상품이나 서비스에 관한 수요를 가늠하기가 어려운데도 일단 사업을 시작했다고 가정해 보자. 몇 달, 길게는 몇 년에 걸쳐 사업 성공을 위해 애를 쓰지만 결국 실패하고 사업을 접고 만다. 그 후에는 의욕 저하와 무력감, 절망감과 더불어 심지어는 수치심까지 느낄 것이다.

두 가지 상황에서 우리의 선택이 어떻게 그 결과의 기반을 마련했는지에 주목해 보자. 우리는 해로운 사랑에 빠지는 선택을 했다. 수

요가 불분명한 시장에서 사업을 시작하는 선택을 했다.

어떻게 보면 이 깨달음으로 용기를 얻을 수 있다. 어쨌든 주도권은 나에게 있다는 것을 의미하기 때문이다. 인생을 바꿀 계획을 세우고 결정을 내릴 수 있다. 내가 통제할 수 있는 부분도 있다.

반면, 어떤 선택을 하느냐에 따라 그 결과가 완전히 바뀔 수 있다는 사실에 주목할 수도 있다. 부수적인 위험 요소를 고려하지 않고 무모한 선택을 한다면 분명 달갑지 않은 결과와 함께 감정적 고통을 경험할 것이다.

정리하자면 우리는 언젠가 고통을 겪게 될 상황을 자주, 그리고 스스로 만들어 낸다. 훗날 집착하게 되는 부정적인 감정 역시 우리의 책임일 때가 많다.

다시 말하지만, 이건 좋은 소식이다. 우리는 자신의 의사결정 과정을 평가하고 그 과정이 충동적인지 또는 계획적인지 파악할 수 있다. 만약 후자의 경우라면 과정을 수정하면서 스스로 고통을 주는 일을 피할 수 있다. 전자의 경우라면, 좀 더 기초적인 부분에서 변화가 필요하다.

자, 이제 탐정이 될 시간이다. 다음의 트레이닝을 통해 자신이 어떻게 결정을 내리는지 살펴보고, 더 실용적이고 건설적인 방향으로 수정할 만한 지점을 찾아보자.

당신의 의사결정 과정은 얼마나 합리적인가?

아래 문항을 읽고 1점부터 5점 사이의 점수를 적어라.

사실과 완전히 다르면 1점, 보통이라면 3점, 정확히 그렇다면 5점의 순으로 점수를 매긴 뒤, 총합계를 내 보자.

1. 나는 꼼꼼하게 설계된 절차에 따라 결정을 내린다.

2. 나는 결정을 내리기 전에 내가 성취하고 싶은 것이 무엇인지 먼저 파악한다.

3. 나는 결정을 내리기 전에 결과에 영향을 끼칠 수 있는 모든 요소를 고려한다.

4. 나는 내 결정의 영향력에 놀라지 않는다.

5. 나는 어떠한 결정에 확신이 들지 않으면 의사결정 절차를 다시 검토해서 오류를 찾는다.

6. 나는 결정을 할 때마다 직감이 아닌 경험과 지식에 의존한다.

7. 나는 급하게 결정하는 경우가 없다.

| 총점이 30점에서 35점 사이라면

당신은 이미 효과적인 의사결정 절차를 따르고 있다. 선택지들을 신중하게 분석하고 각 선택지에서 얻을 수 있는 잠재적 위험과 보상을 고려한 뒤 그 결과에 따라 선택하는 편이다. 매우 훌륭하지만, 특히 실수를 저지르는 부분이 있다면 그 부분을 보완하면 의사결정 과정이 더 완벽해질 것이다.

| 총점이 20점에서 29점 사이라면

의사결정 절차를 조금 더 긍정적이고 유용한 방향으로 수정해야 한다. 예를 들어, 당신이 무엇을 이루고 싶은지 깊게 고민하지 않고 결정하는 편이라면 그 부분에 더 주의를 기울이면 된다. 서둘러 결정하는 습관 때문에 곤란해지곤 한다면 생각할 시간을 충분히 가질 수 있도록 시간을 조정한다.

| 총점이 10점에서 19점 사이라면

개선해야 할 여지가 많다. 당신이 선택에 따른 결과를 예상하지 못하는 이유도 고민해 봐야 한다. 직감에 의존하지 않고 경험과 지식을 의사결정에 녹여낼 방법도 탐구하자. 의사결정을 주제로 하는 다른 책들을 참고하는것도 좋을 것이다.

의사결정 절차를 발전시키면 마음의 짐으로 남을 수 있는 괴로움과 후회를 조금이라도 피할 수 있다. 그리고 이러한 문제에 맞닥뜨렸을 때 스스로 기여한 바는 없는지 고민하는 것도 도움이 된다. 그렇게 함으로써 당신이 잘못된 선택을 했을지 모른다는 사실을 인정하게 되고, 과거의 나를 용서하고 새롭게 나아갈 기반을 닦을 수 있다.

전략 15:

게으름의 늪에

빠진 것은
아닌지
확인한다

"시간은 공짜지만 값을 매길 수 없을 만큼 귀하다.
시간은 가질 수 없지만 이용할 수는 있다.
시간은 저축할 수 없지만 소비할 수는 있다.
그리고 한번 놓쳐 버리면 다시는 되찾을 수 없다."

_하비 맥케이(Harvey Mackay)

모든 사람은 게으름을 이겨내기 위해 안간힘을 쓴다. 당신이 아는 가장 생산적인 사람조차도 게을러질 때가 있는 법이다. 그리고 게으름이 항상 나쁜 것만은 아니다.

게으름은 유익할 때도 있다. 휴식을 취하고, 긴장을 풀고, 재충전할 기회를 준다. 우리의 집중력을 관리하고 다시 중요한 문제에 집중할 수 있게 한다. 그리고 가끔은 게으름을 피우다가 고질적인 문제를 해결할 기발한 해결책이 떠오르기도 한다. 그 문제가 "어떻게 하면 이 일을 최소한의 노력만으로 해결할 수 있을까?"일지라도 말이다.

문제는 우리가 게으름에 쉽게 휘둘린다는 점이다. 재충전이 끝난 지 한참 전인데도 여전히 게으름에 빠져 있다. 더 이상 기발한 아이디어가 떠오르지 않아도 게으름에서 벗어나지 않는다.

이런 일이 일어나는 이유는 아주 다양하다.

- 단순히 자제력이 부족하다.
- 관심을 가져야 하는 문제에 대해 사실은 관심이 없거나, 관심을 가지기 싫다

는 양가감정을 느낀다.

- 실패가 두렵다.
- 슬프고 우울하다.
- 아무리 노력해도 결국에는 아무 의미가 없을 거라고 믿고 있다.
- 방해 요소를 외면하지 못한다.
- 해야 하는 일이나 문제에 대해 책임지기 싫다. 혹은 책임져야 하는 상황이
  원망스럽고 괴롭다.
- 우유부단하다.
- 흥미가 없다.
- 자신감이 부족하다.
- 다른 사람의 기대에 못 미칠까 봐 두렵다.
- 다른 사람의 기대를 너무 잘 충족할까 봐 두렵다.

게으름이 긍정적인 가치 이상으로 계속 지속되면 자존감이 큰 타
격을 입는다. 먼저 우리는 변명을 늘어놓기 시작한다. 예를 들어 지
금 내가 게으른 건 컨디션이 좋지 않거나 "아직 때가 아니기" 때문이
라고 스스로 합리화한다.

하지만 곧 내면의 비평가가 배턴을 넘겨받는다. 그리고 내가 게으
른 건 성격적 단점이나 능력의 부족 때문이라고 설득한다. 머지않아
자기 존재의 가치에 의문을 품기 시작한다. 점차 자신에 대한 신뢰를
잃어버리고, 주어진 과제를 해결할 능력이 없다고 확신한다.

우리의 생각이 내리막을 타고 내려갈수록 절망이나 좌절 같은 부

정적인 감정의 문을 열기가 쉬워진다. 그리고 결국에는 스스로 쓸모 없는 사람처럼 느껴지고, 그 누구에게도 심지어는 자기 자신에게조차도 동정과 용서를 받을 자격이 없다고 믿는다. 스스로를 다독여서 다시 시작할 힘을 내는 게 아니라 점점 더 깊은 게으름의 늪으로 빠져든다.

이러한 이유 때문에라도 우리가 왜 게을러지는지 파악하는 것이 중요하다. 단순히 휴식을 취하고 에너지를 보충하고 싶을 수는 있다. 하지만 그 게으름이 내면의 비평가를 자극할 만한 자기 비난과 건강하지 못한 사고방식 때문이라면 전혀 다른 문제가 된다.

실전
트레이닝

1단계 —— 최근에 당신이 해야 한다는 걸 알면서도 실제로 행동에 옮기지 않은 일들은 무엇이 있는가?

예   장을 보러 가야 했지만 귀찮아서 다음으로 미뤘다. 자동차의 엔진오일을 교환해야 하는데 그냥 집에서 쉬면서 재미있는 시트콤을 봤다. 친구와 만나서 브런치를 먹기로 약속하고는 그냥 침대에 누워 있다가 약속을 취소했다.

2단계 —— 왜 그렇게 행동했는가? 이유를 찾아서 적어라.

이 과정에는 꽤 많은 성찰의 시간이 필요하다. 가장 중요한 건 정직함이다. 솔직하게 답하도록 하자. 그래야만 당신의 동기부여를 간파할 수 있다. 앞의 페이지에서 언급한 목록을 기반으로 당신만의 이유를 찾아라.

3단계 —— 2단계의 목록을 다시 살펴보고 다음과 같은 질문을 던져라.

"왜 그렇게 느끼는 것일까? 이 감정들의 근원은 무엇일까? 그리고 어떻게 하면

멈출 수 있을까?"

몇몇 이유는 단순히 자제력 부족 때문일 수도 있다. 하지만 어떤 이유들은 더 깊

고 심각한 내용을 다루고 있다. 여기에서 나타나는 해로운 감정들은 우리를 관

성에 머무르게 하고, 자존감이나 자신감 그리고 주체성을 약하게 만든다.

앞서 '전략 2: 감정의 영향력이 어느 정도인지 파악한다'에서 긍정적이거나 부정적인 감정이
어떻게 우리의 판단을 흐리게 하고 문제 해결 과정에 영향을 끼치는지 살펴본 바 있다. 여기에
서는 같은 문제를 무기력과 불안의 관점에서 접근했다.

멘탈이 약해졌을 때는 당연히 평소처럼 활기차게 지내기 어려울 수 있다. 그러나 당신의 멘탈
이 회복할 만한 충분한 시간이 지났음에도 나아지는 것이 없다면 게으름의 늪에 빠져 있지 않
도록 의식적인 노력이 필요하다.

전략 16:

한 줄이라도

감사 일기를
쓴다

"현명한 사람은
가지지 못한 것에 슬퍼하지 않고
가진 것에 기뻐할 줄 안다."

_에픽테토스(Epictetus)

우리는 매일 주어지는 행운을 잘 깨닫지 못한다. 소소한 뜻밖의 즐거움도 간과한다. 친구나 동료, 사랑하는 사람이 베푸는 친절을 몰라본다. 매일 먹는 맛있는 음식과 원하는 대로 쓸 수 있는 자원, 몸을 누일 집이 있다는 사실을 당연하게 여긴다.

그 이유는 간단하다. 파트 1의 '이 경험이 훗날 유용할지도 모른다'를 돌이켜보자. 사람의 마음은 다른 어떤 문제보다도 생존을 가장 우선시한다는 사실을 살펴본 바 있다. 그래서 보통 우리는 행복을 위협하는 문제에 집중한다. 즉, 항상 잠재적 위험 요소를 경계한다.

앞서 언급했듯 이를 부정성 편향이라고 부른다. 사람의 마음은 그렇게 설계되어 있다. 과거의 인류와 달리 생존은 우리의 큰 관심사가 아니지만, 우리 마음에 깊게 뿌리박힌 부정성 편향을 없애기란 쉽지 않다.

문제는 좋은 일을 기뻐하기보다는 일이 틀어지지 않을까를 걱정하는 순간 우리는 두려움 속에서 행동하게 된다는 점이다. 이러한 두려움은 과거에 겪은 고통스러운 감정을 부각한다. 충족되지 않은 욕구와 과거의 배신감을 드러낸다. 또한 어긋난 기대와 고통스러운 기억, 개인적인 원한도 수면 위로 떠오르게 한다. 과거에 상처를 주었고 앞으로도 계속 상처를 줄 수많은 사건을 계속 상기시킨다. 그래서 아픈 기억과 그로 인한 냉소주의, 불신, 부정적 성향에서 벗어나지 못한다. 힘든 일을 겪고 난 뒤 멘탈을 회복시키기가 어려운 이유다.

하지만 다행히도 감사하기 트레이닝을 통해 부정성 편향의 고리를 끊을 수 있다.

감사 일기는 다른 수많은 책에서도 추천하는 좋은 습관이다. 뻔하다고 생각할 수 있지만 계속해서 언급되는 이유가 있다. 감사 일기는 당신의 인생에도 좋은 일이 자주 일어난다는 사실을 알려 주고 또 감사한 순간을 그냥 지나치지 않도록 도와준다.

우리에게 일어나는 모든 긍정적인 일에 집중한다면, 슬픔과 괴로움을 걱정하는 본능적인 두려움은 서서히 무너질 것이다. 그렇게 우리의 뇌는 재설계되어 고통을 일으키는 감정을 내려놓기가 훨씬 쉬워진다. 바로 이 지점에서부터 서서히 멘탈이 회복된다.

1단계 —— 매일 감사한 일을 열 개 적는다.

큰 사건이든 사소한 일이든 전부 포함한다. 길고 자세하게 쓰지 않아도 좋다. 한 줄이어도 좋고, 단어로 간단하게 적어도 좋다. 감사 일기를 쓰기 시작하면 고마움을 느꼈던 수십 가지의 일이 떠오를 것이다. 일단 지금은 열 개에만 집중하도록 하자. 습관을 만드는 도중에는 예전에 쓴 내용을 다시 읽어 보고 앞으로의 감사 일기를 위한 영감을 얻는 것도 좋다.

2단계 —— 당신이 적은 항목을 곰곰이 돌이켜보고 하나씩 곱씹으면서 그것이 없었다면 당신의 인생이 어떠했을지 써라.

예 이직을 한 뒤 나와 잘 맞는 직장이라 매우 만족하고 있는데, 계속 불만족스러운 직장을 다녔다면 어땠을까?

3단계 —— 1단계의 목록을 보면서 이렇게 질문하라.

"내가 지금 이것을 누리는 데 도움을 준 사람이 있는가?"

예를 들어 지금 만족하며 다니고 있는 직장을 추천해 준 친구가 있는가? 집을 계약할 때 계약금 일부를 도와준 가족이 있는가? 당신의 취미가 된 기타 연주를 가르쳐 준 지인이 있는가? 각 항목 옆에 그 사람들의 이름을 적어라.

4단계 —— 3단계의 목록에 적힌 사람에게 감사한 마음을 전달하라.

지나치게 감성적으로 표현할 필요는 없다. 간단하게 "고마워요"라는 말 한마디면 된다. 예를 들어 직장을 추천해 준 친구에게는 이렇게 말해 보자. "네가 추천한 직장 너무 마음에 들어. 고마워."

마지막 단계는 조금 꺼려질 수도 있다. 하지만 이 단계의 긍정적인 효과가 매우 크기 때문에 꼭 실행하기를 강력하게 권한다.

이 트레이닝에서 핵심은 감사 일기를 적는 1단계에서 그치지 않고 주변에 감사를 전하는 4단계까지 실천하는 것이다. 이 과정에서 징서직 고통을 수는 것늘에 대한 두려움이 사라지고, 고통스러운 기억에 대한 집착을 줄이게 되면서 마침내 멘탈이 회복되어 현재를 즐길 수 있게 된다.

전략 17:

남 탓하는
버릇을 버리고

문제 해결에
집중한다

"우리 인생에는 크게 두 가지 선택지가 있다.
주어진 환경을 있는 그대로 받아들일 것인가,
아니면 바꾸겠다는 책임감을 가질 것인가."

_데니스 웨이틀리(Denis Waitley)

고통에서 벗어나기 위한 하나의 수단으로 감사하기가 중요한 만큼, 현재의 문제를 파악하고 해결하는 것 역시 중요하다. 문제를 그냥 덮어 두어서는 안 된다. 당신은 현재 어떤 문제로 골머리를 앓고 있는가? 동료 직원과의 갈등이나 애매하게 미루다가 지나 버린 마감 기한 등 일이나 직장에서의 문제일 수 있다. 또는 배우자와의 격한 말싸움이나 아이 양육 문제 같은 개인적인 일일 수도, 집 천장의 누수 고치기나 오래된 가구 버리기 같은 해결해야 할 집안일도 여기에 해당할 것이다.

이런 문제에 대해 다른 사람을 탓하고 싶은 마음은 자연스러운 것이다. 업무상 마감 기한을 놓치는 실수를 하면 자기가 시간 관리를 잘못해서가 아니라 동료가 일을 방해했기 때문이라고 생각한다. 배우자와 실랑이를 벌이면 그건 내가 아니라 배우자의 잘못이라고 믿는다.

책임을 회피하는 성향을 보이는 이유로는 몇 가지를 들 수 있다.

첫째, 인과관계를 매듭지을 수 있기 때문이다. 실제로 그 이유 때문이 아닌 것은 중요하지 않다. 어쨌든 왜 이런 불행한 상황이 벌어졌는지를 설명해 준다.

둘째, 우리가 책임에서 벗어날 수 있게 이야기를 지어내기 때문이다. 다른 사람에게 책임을 전가하면서 죄책감을 피할 수 있다.

셋째, 남을 탓하는 것이 편하기 때문이다. 모든 문제의 책임을 다른 사람에게 전가하면 시간과 노력을 들여 자신의 잘못을 분석하지 않아도 된다.

이 습관에는 단점이 있다. 다른 사람을 탓하고 원망할수록 점점 더 자기 자신을 희생자라고 인식하게 된다. 그리고 자신을 희생자라고 생각할수록 내게는 주도권이 없는 것처럼 느껴진다. 주체 의식이 없다면 운명을 좌우할 힘이 없다고 믿게 되고, 결국 좌절감이나 실망, 괴로움, 고통스러운 기억에서 벗어나기가 어렵다.

이러한 태도에서 벗어날 수 있는 가장 효과적인 방법은 우리에게 일어나는 문제에 대해 책임감을 느끼는 것이다. 비난의 화살을 즉시 자신에게 돌리라는 의미는 아니다. 쉽게 다른 사람을 탓하는 습관을 버리고, 그런 행동은 무의미하다는 사실을 인정하자는 것이다. 나의 문제를 주변 사람의 잘못으로 돌리는 것보다 그 문제를 해결하는 데 전념해야 한다.

예를 들어 보자. 당신은 어떠한 업무의 마감 기한을 놓쳐 버렸다. 실제로 직장 동료가 계속 방해하는 바람에 일을 하지 못했을 수도 있다. 하지만 그에게 책임을 돌리기보다는 문제를 해결하기 위한 목적의식이 있는 행동을 취하는 것이 더 생산적이다. 가능한 제때 일을 끝내는 데 집중할 수 있게 다른 사람의 요청에 즉각 반응하지 않는 집중업무시간을 설정하는 식으로 말이다. 이렇게 해야만 같은 문제가 반복되지 않고 원하는 바를 이룰 수 있다.

이러한 접근법을 터득하기 위해서는 마음의 구조 자체를 바꿔야 한다. 다음 페이지의 트레이닝이 도움이 되리라 믿는다.

1단계 —— 최근 부정적인 감정을 느꼈던 일, 지금 겪고 있는 문제를 전부 적어라.

    예   직장에서 누군가가 '우연히' 내 점심을 가져가서 화가 났다, 속도위반 딱

           지를 떼서 언짢고 못마땅했다, 친구가 매번 저녁 약속을 취소해서 화가 나

           고 외로웠다.

2단계 —— 1단계의 상황에서 반사적으로 원망하고 싶었던 사람의 이름을 적는다.

    예   당신의 점심을 가져간 동료의 이름, 속도위반을 잡은 경찰관, 약속을 취소

           한 친구의 이름

3단계 ── "이 사람을 탓한다고 해서 문제를 해결할 수 있는가?"라고 질문을 던져라.

질문의 답은 분명 "아니오"일 것이다.

4단계 ── 문제를 해결하거나 문제가 반복될 가능성을 줄이기 위해 당신이 할 수 있는 행동 하나를 적는다.

예 　내 점심 도시락에 이름을 크게 적어 둔다, 다음번에는 속도 제한을 지키며 운전하기로 다짐한다, 그 친구와 약속을 잡을 때면 항상 차선책을 준비한다("토니가 약속을 취소하면 읽고 싶었던 소설을 읽어야겠다").

이 트레이닝은 불편한 문제아 감정저인 고통을 책임질 수 있도록 우리의 마음을 단련시킨다. 사기 자신을 탓하자는 것이 아니다. 중요한 건 그 누구도 탓하지 않는 것이다. 나나 타인을 탓할 시간에 내가 할 수 있는 것을 찾아 실천에 옮기는 것이 훨씬 이롭다.

전략 18:

모든 것을
통제할 수 없음을

인정한다

"내 마음대로 할 수 있는 건 나의 마음뿐이며,
외적 요소는 통제할 수 없다.
이 사실을 깨달으면 용기를 얻을 수 있다."

_마르쿠스 아우렐리우스(Marcus Aurelius)

내게 영향을 미치는 모든 요소를 통제하고 싶은 마음은 자연스러운 본능이다. 사람은 누구나 키를 잡은 선장이 되어 현재 상황과 주변 사람들에게 영향력을 행사하면서 인생을 주도적으로 이끌어 가고 싶어 한다. 하지만 외적 요소에 대한 통제력은 대체로 우리의 착각에 불과하다. 그리고 이러한 착각은 감정적인 대가를 치르게 한다.

모처럼 떠난 여행에서 엄청난 비바람을 만난 경험을 떠올려 보자. 그 상황에서 당신이 할 수 있는 일은 아무것도 없고, 그저 날씨가 다시 좋아지기를 기다리는 수밖에 없었을 것이다. 무력한 상황 속에서 막연히 기다리는 동안 좌절감과 불안감을 느낄 수밖에 없다.

또는 바람을 피우던 애인과의 관계를 떠올려 보자. 당신은 상대의 행동을 통제할 수 없었다. 그저 당신과의 관계에 전념할 것이라 믿는 수밖에 없다. 상대가 신뢰를 깨뜨린 뒤에는 홀로 괴로운 감정의 후유증을 감당해야 했다.

이렇게 아무것도 할 수 없어 무기력했던 기억은 통제하고 싶다는 욕구를 더욱 강하게 만든다. 그것은 사람의 본능이기는 하지만 본질적으로 분노, 좌절, 괴로움, 후회의 감정을 내려놓는 능력을 손상시킨다. 부정적인 경험에 집착하고, 그 일이 일어나게 된 이유를 받아들이지 못한다. 하지만 사실 이유란 건 없다. 그저 인생의 대부분이 우리가 뜻대로 할 수 없는 것들에 좌우될 뿐이다.

우리는 예측할 수 있는 삶을 원하지만 실제로 인생은 무작위적일 때가 많다. 우리의 선택이나 행동과 상관없이 안 좋은 일이 일어나기도 한다. 갑자기 아플 수 있고, 사랑하는 사람이 떠나갈 수 있으며, 멀쩡해 보이던 직장이 부도가 날 수 있다. 부정적인 생각과 감정의 짐으로부터 자유로워지고 싶다면, 그래서 다시 멘탈을 회복시키고 싶다면 우리는 본래 통제력이 부족하다는 사실을 받아들여야만 한다.

자기 선택은 통제할 수 있다. 자기 생각도 통제할 수 있다. 다른 사람을 어떻게 대할지 통제할 수 있다. 그리고 사건이나 사람, 또는 외적 자극에 어떻게 반응할지도 통제할 수 있다. 하지만 우리에게 불리한 주변 환경이나 다른 사람의 행동, 사건에 대해서는 제한적인 통제력만 있을 뿐이다.

통제를 바라는 마음을 포기할 수 있다면, 그리고 그런 통제력은 환상에 불과하다는 사실을 인정할 수 있다면, 인생의 무작위성도 웬만큼 수용할 수 있다. 또한 다양한 부정적인 경험이 우리의 통제권을 벗어난 요소에서 기인한다는 사실을 어렵지 않게 받아들일 수 있다.

1단계 —— **당신이 통제할 수 없는 것, 영향력을 미칠 수 없는 것들을 적어 보라.**

주위 사람들이나 주변 환경을 위주로 작성한다. 목록이 매우 길어질 수 있다. 길면 길수록 더 좋다. 아래는 대부분의 사람들이 꼽는 목록이다.

- 사람들이 나에 대해서 느끼는 감정
- 사람들이 내 주변에서 하는 행동
- 사람들이 나를 대하는 태도
- 사람들의 선택
- 사람들이 가진 생각
- 날씨
- 경제
- 교통량
- 나이 듦
- 과거
- 자연 현상(지진, 전 세계적인 유행병 등)

아래 내용을 참고하여 창의력을 발휘해 보자.

- 내 시간을 쓰는 방법

- 나의 집중력과 에너지를 투자할 곳

- 나의 행동

- 주변 사람들을 대하는 태도

- 앙심을 품고 있을지 아닐지에 대한 선택

- 내가 지키는 원칙과 가치

- 다른 사람에게 베푸는 온정의 정도

- 스스로에게 베푸는 온정의 정도

- 좋은 배우자나 친구, 형제자매, 직원이 되겠다는 결심

- 다른 사람들의 말과 행동에 대한 나의 반응

3단계 ── 1단계의 목록을 살펴보면서 다음과 같은 질문을 던져라.

"이 문제에서 비롯된 결과에 미련이 남아 있는가?"

만약 "그렇다"라는 대답이 나왔다면, 그 이유를 찾아보자. 자존심과 자존감 때문에 집착하는가? 잘못된 기대로 인한 것인가? 삶의 무작위성을 받아들이지 못했기 때문인가?

4단계 —— **1단계와 2단계의 목록을 비교해서 통제할 수 있는 것과 없는 것을 확인하라.**

2단계 목록은 당신의 태도, 행동, 우선순위, 목표, 신념과 관련 있을 것이다. 이것이 바로 당신이 통제할 수 있는 영역이라는 말이다. 이로써 당신이 통제할 수 있는 것과 없는 것의 목록이 가시적으로 드러난다.

4단계가 가장 어렵다. 수년간의 사고방식을 바꾸기 위해 일상 속에서 거듭 확인해야 하기 때문이다. 1단계 목록 상황에 부딪힐 때마다 상황과 감정을 분리해야 한다. 3단계의 질문인 "이 문제에서 비롯된 결과에 미련이 남았다면 무엇 때문인가?"가 도움이 될 것이다.

대부분의 심리적 고통이 우리의 통제권을 벗어난 문제 때문이라는 사실을 깨닫고, 우리가 통제할 수 있는 문제에만 집중하는 사고방식을 기르면 부정적인 감정과 그것에 대한 집착을 놓아 버리기가 수월해진다.

전략 19:

인간관계에
점수를

매기지 않는다

"기쁨에 도달하기까지 가장 큰 걸림돌은 분노다."

_페마 쵸드론(Pema Chodron)

인간관계는 우리가 느끼는 행복의 주요 근원지다. 가족을 향한 사랑, 친구와 나누는 우정과 응원, 동료와 나누는 동료애는 우리에게 진한 만족감을 안겨 준다.

하지만 인간관계가 감정적 고통의 주요 원인이 될 수도 있다. 이중적인 태도, 어긋난 기대, 지속적인 불만으로 인해 우리는 배신감을 느끼고, 실망하고, 분노한다. 만약 상대에게 느끼는 좌절감이나 괴로움, 분노를 내려놓는다면 부정적인 감정을 유발하는 문제에 더 효과적으로 맞설 수 있을 것이다.

하지만 안타깝게도 인간관계에 자꾸만 집착하게 되는데, 이런 일이 자주 일어나는 데는 '관계 성적표'가 원인일 때가 많다. 관계 성적표란 바로 동료나 친구, 사랑하는 사람의 긍정적인 행동이나 부정적인 행동을 기록해서 기억하는 것을 말한다.

모든 것이 이 성적표에 기록된다. 여기에는 사소한 '위반 행위', 예를 들면 무례한 말이나 거슬리는 문자 내용, 불쾌한 의견 등도 포함된다. 짜증 나는 행동들도 전부 이 성적표에 남는다. 게다가 부정성 편향으로 인해 우리는 그들의 긍정적인 행동 대부분을 간과한다. 그러다 보면 이 성적표는 불공평하게 한쪽으로 치우친다. 나와 상대 사이의 성적표도 비교가 가능하고, 성적표의 대상끼리도 비교가 가능하다. 내가 더 잘해 주는지, 상대가 더 잘해 주는지 혹은 친구 중에 누가 '앞서' 있고 '뒤쳐'졌는지와 같은 냉정한 평가가 가능하다.

자연히 상대방의 애정과 노력은 당연시되고 나의 노력은 제대로 인정받지 못한다고 느낀다. 즉 나는 적당한 수준 이상의 시간, 노력, 감정을 투자하면서 상대보다 더 많이 주고 있고, 고된 일을 하고 있다고 생각한다.

하지만 진짜 문제는 성적표를 기록하는 건 언제나 괴로움과 분노를 낳는다는 점이다. 동료든 친구든 가족이든 그 관계는 경쟁과 비교의 대상이 된다. 그리고 이 경쟁에서는 그 누구도 승자가 될 수 없다.

여기서 자라난 부정적인 감정은 인간관계를 악화시킬 뿐만 아니라 관계에서 벗어나기 더 어렵게 만든다. 관계에 집착하고 매달리다 부정적인 감정의 골이 깊어지면, 훨씬 큰 괴로움과 분노를 느낀다.

자, 이제 성적표는 던져 버리자. 더 이상 사람들이 자기 역할을 다하고 있는지 기록하지 않기로 하자. 다음의 트레이닝은 성적표 없는 관계를 즐기기 위한 발돋움이 될 것이다.

1단계 —— 배우자, 친구 등 당신이 많은 시간을 함께 보내는 사람들의 이름을 적고, 그 사

람이 최근에 당신의 기분을 상하게 한 말이나 행동을 나열해 보자.

예 　배우자가 식사를 하고 설거짓거리를 그냥 내버려 뒀다. 친구가 내 기분을

고려하지도 않고 반대 의견을 말했다. 직장 동료가 중요한 미팅에 늦었다.

2단계 —— 그 사람에게 감사함을 느끼는 성격적 특성을 써라.

예 　뛰어난 유머 감각, 내 이야기를 잘 들어 줌, 한결같음, 책임감이 강함

3단계 —— 1단계에 적은 내용을 다시 살펴보자. 2단계에 적은 그 사람의 좋은 특성을 떠올리면서 이렇게 질문해 보자.

"장기적으로 볼 때 이 문제가 나에게 어느 정도로 심각한가?"

이 트레이닝은 인간관계에서 겪은 불쾌한 사건 하나하나에 집중하기보다 상대의 장점을 발견하고 이해하는 데 도움을 준다. 게다가 1단계의 목록들은 시간이 지나서 다시 봤을 때 실은 그렇게 중요한 일이 아니었다는 점을 깨닫게 해 줄 것이다.

전략 20:

불필요한
헌신을

하지 않는다

"나는 실수를 저질렀고, 일을 너무 많이 벌였다.
나는 항상 그런 식이다."

_로버트 메트칼프(Robert Metcalfe)

현대에는 우리가 가진 것보다 더 많은 것을 약속하기가 쉽다. 시간이나 주의력 같은 자원들은 한정되어 있는데, 이 자원을 요구하는 곳은 너무 많다. 대부분의 사람들이 요구에 답하느라, 의무를 다하느라 바빠서 자기의 욕구를 충족하거나 관심사를 쫓을 시간이 거의 남지 않는다.

참 피곤한 일이다. 사실 이것이야말로 스트레스에 시달리고 에너지를 소진해 버리는 원인일 것이다.

여기에는 또 다른 문제가 있는데, 간과하기 쉽기 때문에 특히 골치 아픈 문제다. 그것은 바로 끝이 없어 보이는 의무에 관심을 기울이다 보니 내면의 감정적 부담을 헤아릴 에너지까지 빼앗긴다는 것이다. 그러나 내면의 부담감을 철저히 분석하지 않으면 부정적인 감정을 해소할 수 없다.

물론 사람은 누구나 외면할 수 없는 책임을 지고 있다. 직업과 관련된 책임도 있고, 가족과 관련된 책임도 있다. 비영리 단체를 돕는 자원봉사를 하거나, 종교 활동, 부업 유지하기 등 여러 가지가 있을 것이다. 우리는 양심적으로 이러한 책임을 저버릴 수 없다.

하지만 모든 일에는 우선순위가 있고, 우선순위가 낮다고 생각하는 일이나 역할에는 헌신의 정도를 조절할 수 있다. 아주 간단하다. "싫어요"를 더 자주 말하면 된다. 우선순위가 높은 일에 충실하되 정서적 건강 관리를 위해 충분한 시간을 남겨 놓는 식으로 삶의 방향을 수정할 수 있다.

상대의 제안에 찬성하는 데 익숙해진 상태에서 거절을 표현하기란 쉽지 않다. 하지만 이렇게 했을 때 좋은 점은 자기 능력 이상의 일을 하지 않을 수 있다는 사실이다. 우리가 가진 모든 시간과 에너지를 다른 사람이 원하는 것을 위해 쓰지 않고, 대신 나만의 우선순위를 위해 비축해 둘 수 있다.

달력과 할 일 목록을 불필요한 약속으로 채우지 않기 위한 '시간 예산' 트레이닝을 소개한다. 우리에게는 매일 24시간이 주어지는데, 24시간이 실제로 어떻게 쓰이고 있는지 파악하기 위한 방법이다.

1단계 —— **개인적인 일과 가정 생활에 해당하는 시간을 적고, 얼마나 시간을 투자하는지 적는다.**

주의할 것은 당신은 7시간은 자야 한다고 생각하지만 실제로는 4시간밖에 못 자는 경우다. 이런 경우는 의무에 쫓기느라 원하는 시간만큼 사용하지 못하고 억지로 줄인 경우이기 때문에 이상적으로 생각하는, 당신이 원하는 시간을 적어라.

나는 다음과 같이 적었다.

• 수면: 7시간

• 목욕 및 몸단장: 45분

• 식사 및 식사 준비: 2시간

• 집안일: 1시간

• 가족과 함께하는 시간: 1시간

• 운동: 20분

이 시간을 모두 더해 보면 12시간이 조금 넘는다. 즉, 남은 시간 예산은 12시간이다.

2단계 —— 다음으로는 일과 관련된 시간 예산을 짠다.

- 통근: 1시간

- 근무: 8시간

위 시간의 총합은 9시간이다. 이제 3시간이 남았다.

3단계 —— 이제 나머지 영역이다. 여기에는 자원봉사나 종교 활동, 부업을 통한 고객 관리

등과 관련된 예산을 짠다.

일주일에 한두 번만 시간을 투자하는 활동이라면, 7로 나누어서 하루 평균 시간

을 구해라.

- 자원봉사: 일주일에 3시간 또는 하루에 대략 30분 정도

- 교회: 일주일에 3시간 또는 하루에 대략 30분 정도

- 부업: 1시간

위 시간의 총합은 2시간이다. 당신에게는 1시간밖에 남지 않았다.

4단계 ── **취미나 관심사에는 얼마나 투자할 수 있는가?**

기타 연주, 독서, 넷플릭스 보기 등에 쓸 수 있는 시간은 1시간 뿐이라는 사실을
명심하자. 이 시간을 어떻게 보낼 수 있는가?

이 트레이닝에는 두 가지 목적이 있다.

첫째, 인식하지 못하고 있었지만 당신이 이미 얼마나 많은 시간을 쓰고 있었는지를 보여 준다.

둘째, 무리한 책임지기는 당신 인생의 중요한 영역에서 시간을 빼앗는다는 사실을 강조한다.

우리의 시간과 에너지는 한정되어 있다는 사실을 안다면, 그 한계를 종이에 적어 숫자로 명확
히 확인한다면 거절하기가 더 쉬워진다. 그리고 거절하면 할수록 자기 자신을 위한 시간이 많
아진다. 내면을 깊게 탐구하고, 문제를 해결하여, 마침내 무겁게 짓누르는 고통스러운 감정을
덜어 낼 자유가 더 많이 생길 것이다.

전략 21:

상대방은 물론
나 자신을

용서하는 법을
배운다

"심각한 일이든 최근 일이든,
당신에게 어떤 식으로든 잘못한 적 있는
모든 사람들을 찬찬히 떠올려 보자.
그리고 그 마음을 떠나보내자. 용서는 가슴이 하는 일이다."

_웨인 다이어(Wayne Dyer)

우리가 겪는 대부분의 고통스러운 감정은 다른 사람에 의한 부당한 대우에서 비롯된다. 그래서 상처받고, 배신감이 들고, 외로워하고, 무시당한다고 느낀다. 이러한 감정은 분노로 바뀌는데, 자기 자신을 지키기 위한 방법으로 이 분노에 집착한다. 우리의 고통에 책임이 있는 사람을 원망하면, 그들 옆에서 상처받는 일이 덜하기 때문이다.

감정적 고통은 자기 자신을 어떻게 대하느냐에 따라 생겨나기도 한다. 나는 나의 가장 냉혹한 비판가다. 우리는 실수를 하거나 안 좋은 선택을 하거나 또는 내가 생각하는 기준에 도달하지 못할 때 스스로를 꾸짖는다. 자신의 결함이나 단점을 자책한다. 이러한 태도는 죄책감과 수치심을 낳으며, 결국 자아상에 부질없는 상처를 입히고 자유를 억압하는 족쇄를 채운다.

타인이 준 고통이든, 스스로 부과한 고통이든 해결책은 용서하는 것이다. 다른 사람은 물론 자기 자신까지 용서할 줄 알아야 한다.

이를 실제로 행동에 옮기기란 어려운 일이다. 타인을 용서하는 건 우리를 취약하게 만든다. 다시 상처받을 것 같은 두려움에 그들을 선뜻 용서할 수가 없다.

자기 자신을 용서하는 건 결코 더 쉽지 않다. 자기 잘못을 눈감아 주기가 어려운 이유는 마음속 깊이 "나는 완벽해야 한다"라고 믿기 때문이다. 우리는 자신에게 터무니없이 높은 기준을 제시한다. 실수할 여지도 주지 않는다. 자신의 실수를 용서하는 건 나약한 사람이라고 생각하기 때문에 이를 허락하지 않는다. 하지만 자책은 우리를 강하게 만들지 못한다. 제대로 할 수 있는 일이 아무것도 없다는 생각이 들 정도로 자존감을 계속 공격할 뿐이다.

다른 사람을 용서하는 마음가짐을 받아들이면 과거의 상처로부터 더 쉽게 벗어날 수 있다. 그렇다, 우리는 더 취약해질 것이다. 그리고 용서한다고 해서 우리를 대하는 그들의 행동이 반드시 바뀌는 것도 아니다. 하지만 우리가 느끼는 괴로움과 분노를 내려놓을 수는 있다. 용서 그 자체가 보답이다.

가장 중요한 점은 용서를 통해 감정적 고통을 끝낼 수 있다는 사실이다.

특히 자기 자신을 용서하려는 태도를 가지면 실수나 선택, 안 좋은 성과로 인한 수치심과 죄책감을 놓아 버리기가 훨씬 수월하다. 스스로 쓸모없고 능력이 부족하다는 생각에서 벗어나서 자기 연민의 눈으로 인간적인 면과 불완전성을 인정하게 된다. 자신이 실수했다는 사실을 받아들인 결과 실수에 집착하지 않고, 부정적인 감정을 품지 않는다.

앞서 말한 것처럼 용서는 쉽게 얻을 수 있는 것이 아니기에 의식적으로 노력해야만 한다.

　그 과정을 다음의 트레이닝이 도울 것이다. 다른 사람에게 상처받거나 자신에게 실망할 때마다 감정을 돌아볼 기회를 주는 훈련이다. 그리고 부정적인 감정은 득보다 실이 많다는 의심도 갖게 될 것이다. 이 과정에서 얻은 통찰 덕분에 우리를 짓누르는 슬픔, 분노, 수치심 같은 해로운 감정으로부터 점차 자유로워질 것이다.

1단계 —— 최근에 당신을 화나게 하거나 상처 입게 만든 사람의 이름을 적고 어떤 행동과
말을 했는지 적어라. 그다음 당신이 느낀 감정도 함께 적는다.

2단계 —— 1단계에 적은 감정이 당신 행동에 어떤 영향을 미쳤는가?

예 일에 집중할 수 없었다, 그 사람 주위에 있으면 불안하다, 내 의견을 표현
하지 않는 일이 많아졌다, 목표에 대한 의욕이 떨어졌다, 사랑하는 사람에
게 온전히 집중할 수 없었다.

3단계 ── 그 사람을 용서하면 어떤 감정이 들지 적어 본다.

　　　예　　더 평화로울 것이다, 적대감이 줄어들 것이다, 덜 불안할 것이다.

4단계 ── 마지막으로, 그 사람을 용서하는 경우와 악감정을 품고 분노에 집착하는 경우를 비교해서 따져 본다.

직접 손으로 적고 객관적으로 따져 보면 상대를 용서하고 미련을 버릴 때의 장점이 분노와 수치심에 집착할 때의 모든 장점을 압도적으로 능가한다는 사실을 금방 깨달을 것이다.

이 트레이닝은 자기 자신을 용서하는 태도를 기르는 것으로 응용할 수 있다.

1단계: 나 자신을 비난하고 싶었던 사건과 감정을 묘사한다

　　　(예 죄책감이 들었다, 절망했다, 난처했다)

2단계: 그 감정이 내 행동에 어떤 영향을 미쳤는지 적는다.

　　　(예 모험하는 일이 줄어들었다, 내 능력을 의심하게 되었다, 쉽게 포기한다)

3단계: 나를 스스로 용서한다면 어떤 기분이 들지 적는다.

　　　(예 자신감이 생길 것이다. 두려워하지 않고 행동할 수 있다)

4단계: 자신을 용서할 때의 장점과 끊임없이 자책할 때의 부정적인 면을 비교해 보자.

자기 자신을 용서하는 것이야말로 절망이나 죄책감 같은 감정적 부담에서 해방될 수 있는 가장 쉬운 길이다.

보너스 전략 1:

멘탈이
강해지는

과정이라고
생각한다

"외로움, 질투, 죄책감과 같은 부정적인 감정은
행복한 삶에서 중요한 역할을 수행한다.
이 신호는 환하게 깜박거리며
우리 삶에서 무언가 바꿀 때가 되었다는 사실을 알려 준다."

_그레첸 루빈(Gretchen Rubin)

당신은 분명 매일매일 더할 나위 없이 행복해 보이는 사람들을 만난 적이 있을 것이다. 그들은 얼굴에 항상 미소를 띠고, 항상 웃음을 터뜨리며, 항상 생기가 돈다. 또한 언제나 낙관적이다. 아침에 첫 카페인을 섭취하기도 전에 마주치기에는 버거운 상대일지도 모른다. 한결같이 명랑한 태도 때문에 그들이 감정적 고통에 괴로워하고 집착하는 모습은 잘 상상이 되지 않는다. 하지만 알고 보면 그들도 겉으로 보이는 것처럼 그렇게까지 행복하지 않을 수 있다.

또한 그들은 멘탈이 박살날 일이 한 번 생기면 너무 큰 타격을 받아 좀처럼 회복하지 못하는 위험을 안고 있다. 왜냐하면 긍정적인 경험과 감정만을 많이 경험해서 부정적인 상황에 대해 매우 취약할 수 있기 때문이다.

언제나 쾌활한 사람이 있다고 가정해 보자. 이 사람이 정말로 기쁨이나 행복 등 긍정적인 감정만 경험했다면, 해고나 이혼과 같은 단 한 번의 커다란 부정적인 사건이 그의 감정 상태를 파멸시킬 수 있다. 심지어 한동안 회복하기 어려울 정도로 큰 타격을 입을 것이다. 반대로 기쁨과 행복부터 슬픔과 좌절까지 폭넓은 감정을 자주 경험한 사람은 이와 같은 사건을 견뎌 낼 준비가 잘 되어 있다.

실제로 심리학자들은 다양한 감정, 즉 좋은 감정과 나쁜 감정을 모두 경험하는 것이 장기적인 정서적 건강의 측면에서 더 좋다는 사실을 밝혀 내기도 했다. 즉 '감정 다양성'을 많이 가진 사람일수록 마음이 건강하다.

감정 다양성은 어떤 면에서는 주식 시장과 비슷한 특성이 있다. 투자 기금을 다양한 주식에 분산하면 특정 주식이 하락세를 걸어도 견디기가 수월해진다. 우리의 투자 포트폴리오가 파멸에 이르지 않도록 보호해 준다. 이와 같은 방식으로, 감정 다양성은 감정 파멸로 이어질 수도 있었을 경험들을 견뎌 내는 데 도움이 된다. 우리의 감정 포트폴리오를 보호해 준다.

감정 다양성은 괴로운 기억, 아픈 후회, 서운함을 놓아 버릴 수 있는 밑바탕이 된다. 주어진 환경에 더 잘 적응하고, 머릿속을 가득 채울 수 있는 부정적인 생각과 감정으로부터 쉽게 회복할 수 있다. 감정 다양성을 많이 가졌다는 건 멘탈을 회복했던 경험이 많고, 그만큼 강한 멘탈이라는 이야기이기도 하다. 현재 당신이 지금 많이 힘든 상황이라고 해도 이 위기를 넘기고 나면 멘탈은 더 강해질 것이다.

1단계 —— 당신이 최근에 겪은 감정들을 적는다.

행복과 슬픔 또는 분노와 즐거움과 같은 폭넓은 범위의 감정이 포함되어 있으

면 좋다. 간극이 클수록 도움이 된다.

2단계 —— 각각의 감정을 촉발한 사건을 간단히 묘사한다.

동료가 한 말 때문에 화가 났는가? 직장에서 월급이 올라서 뛸 듯이 기뻤는가?

동네에 친한 친구가 이사를 간다고 해서 슬펐는가?

3단계 —— 1단계에서 작성한 감정들의 분포 상태를 살펴보자. 당신의 감정은 균형 잡혀 있는가, 아니면 불균형하게 부정적 또는 긍정적인 쪽으로 치우쳐져 있는가?

당신의 감정이 한쪽으로 치우쳐져 있다면 그 감정을 유발한 사건들을 들여다보자. 정서적 취약성이 드러나는 특징이 보이지는 않는가? 예를 들어 동료의 폄하하는 발언에 대한 당신의 반응처럼 말이다.

이 트레이닝은 감정의 범위를 인식하는 능력을 발달시킬 수 있도록 고안되었다. 제한된 범위 외의 감정을 경험하는 일이 드물었다면, 감정 다양성을 넓힐 기회로 삼아 보자. 자주 화를 내고 분노를 느낀다면 다른 사람 칭찬하기와 같은 기분 좋아지는 행동을 해 보는 것이다. 평소에 행복한 편이라면, 그냥 회피하기보다는 부정적인 감정을 일으키는 요소를 인정하는 시간을 갖는 것도 도움이 된다.

보너스 전략 2:

기대가
충족되지 않아도

현실을
받아들인다

"우리의 목표를 수단에 맞추는 것이
수단을 목표에 맞추는 것보다 더 쉽다."

_로버트 리(Robert E. Lee)

우리는 자기 자신과 다른 사람에게 많은 것을 기대한다. 자신의 기대가 충족되지 않으면 실망하고, 좌절하고, 심지어는 분노를 느낀다. 특정 결과가 실현되어야 한다고 믿고 노력을 아낌없이 투자한다. 그러나 기대한 것과 같은 결과가 나오지 않으면 참을성은 증발해 버리고, 머릿속에 있는 내면의 비평가가 그 일에 관여한 모든 사람을 비난한다.

그러나 이런 태도는 자기 자신은 물론 타인에게도 과도한 압박으로 작용한다. 어쨌든 우리는 모두 사람이기에 실수나 잘못된 선택, 나쁜 행동은 피할 수 없다. 기대는 좌절될 수밖에 없는데 기대가 모두 충족되어야 한다는 태도는 분노로 가는 지름길밖에 되지 않는다. 분노는 계속 자라나서 자기 자신은 물론 다른 사람들의 실패를 예상하면서도 엄격한 기준을 계속 유지한다.

결국 악순환이 반복된다. 그럴수록 부정적인 태도가 강해지고, 우리의 행복에 해로운 영향을 끼치는데도 집착을 멈추지 않는다. 이 상태가 지속되면 스트레스가 커지고, 객관성이 무너지며, 심각하게는 우울감에 빠질 수도 있다.

우리는 이 악순환을 깨야 한다. 기대를 적절히 관리해야 기대감이 우리를 지배하지 않을 것이며 그 과정에서 정신 건강도 해치지 않는다.

쉽지는 않을 것이다. 어느 정도 시간도 필요하다. 하지만 기꺼이 시간과 노력을 투자한다면 기대감을 잘 관리함으로써 일이 계획한 대로 흘러가지 않아도 감정적 혼란을 줄일 수 있다.

1단계 —— 최근 당신이 분노나 불만, 실망을 느꼈던 사건들, 행동, 결정들을 적는다.

예 친구가 약속에 늦게 도착해서 실망했다. 배우자가 쓰레기를 내다 버리지
않아서 불만스럽다. 동료가 자기 일을 제대로 수행하지 못해서 내 일이 더
늘어나 분노를 느꼈다.

2단계 —— 1단계에 적은 사건과 감정을 다시 살펴보자. 당신이 가졌던 기대감은 무엇인가?

예 친구는 제시간에 도착할 것이다. 배우자가 쓰레기를 버려 줬으면 좋겠다.

부정적인 감정은 당신의 기대감을 기반에 둔다. 이 트레이닝은 기대대로 결과가 일어나지 않
자 당신이 부정적으로 반응했다는 사실을 보여 준다. 당신이 그 감정을 표현했는지 아닌지는
중요하지 않다.
이 훈련을 통해 결과에 대한 기대감을 분리하고, 기대가 충족되지 않아도 현실을 받아들이는
능력을 키울 수 있다. 분노와 불만, 실망을 느낄 수는 있어도 그 감정에 사로잡히는 일은 줄어
든다.

보너스 전략 3:

내면의
비평가에게

"그거 사실이야?"라고
되묻는다

"당신의 머릿속 이야기에
귀를 기울이고 이의를 제기하라.
그 이야기는 선택괴 행동이 되고,
이는 곧 당신의 인생이 된다."

_브라이언트 맥길(Bryant H. Mcgill)

사람의 마음은 자기 경험을 이해하기 위해 이야기를 만들어 낸다. 이 이야기는 그런 일이 왜 일어나는지, 그리고 그 일이 일어날 때 내가 한 역할은 무엇인지 설명해 준다. 이것은 사람의 뇌가 '이야기를 마무리 짓기' 위한 시도다. 우리는 사건과 시발점 사이의 인과관계를 찾고 싶어 한다. 그래서 결국 스스로 이야기를 만든다.

여기에서 문제는 이런 이야기가 대체로 정확하지 않다는 점이다. 사람의 뇌는 인과관계를 찾는 것에 비해 정확성은 크게 고려하지 않는다.

마음속 이야기들은 인지 편향을 강화하기도 한다. 만약 이기적 편향(self-serving bias), 즉 좋은 결과는 자기 행동 덕분이고, 나쁜 결과는 외부 요인 탓이라고 생각하는 경향을 가지고 있다면 자신의 이야기에도 이러한 점이 반영된다.

예를 들어, 시험을 보고 좋은 성적을 받았다고 가정해 보자. 이기적 편향이 있다면 좋은 성적은 자신의 지능 덕분이거나 최선을 다해 공부했기 때문이라고 생각할 것이다. 그래서 머릿속으로 자신은 똑똑하고, 시험을 잘 보며, 성실함을 타고났다는 이야기를 만들어 낸다.

반대로 겸손 편향(modesty bias), 다시 말해 좋은 결과는 외부 요인 덕분이고 나쁜 결과는 자기 행동 탓이라고 생각하는 경향을 가지고 있다면 이 역시 우리의 뇌가 만들어 내는 이야기에 잘 드러날 것이다. 즉 좋은 성적을 받을 수 있었던 건 시험이 너무 쉬웠기 때문이라고 생각하거나 교수가 수업을 잘해서라고 생각한다. 그러면 우리의 뇌는 이러한 생각("좋은 교수를 만나서 정말 행운이다")을 뒷받침하는 이야기를 만들어 낸다.

나쁜 일이 일어나면 뇌는 종종 자기에게 책임이 있다는 이야기를 만들어 내곤 하기 때문에 자기 성격이 불행한 사건의 원인이라는 생각이 들 수 있다. 바로 이때, 우리의 뇌는 이야기의 정확성에는 관심이 없다는 사실을 떠올려야 한다. 뇌는 그저 이야기의 인과관계를 찾고 싶어 할 뿐이다.

시험을 망쳤다고 해 보자. 우리의 뇌는 하나 또는 여러 개의 이유를 찾기 위해 이야기를 만들기 시작한다. 여기에는 우리가 멍청하고, 집중력이 부족하고, 아니면 그냥 시험을 잘 못 본다는 생각이 들어 있을 수 있다. 그 생각을 받아들이면 그것이 자기 정체성이라고 잘못 판단할 수 있고 자기 비난과 절망으로 이어질 것이다.

하지만 머릿속 이야기에 의문을 가지면 사실이 아니라는 점을 금세 눈치챌 수 있다. 시험을 망친 건 너무 피곤했거나 스트레스를 받아서, 아니면 내용을 잘못 이해했기 때문이다. 의심을 품으면 이야기의 부정확함이 드러난다. 거짓이라는 사실을 알게 되면 소위 단점이라고 생각했던 문제를 향한 집착을 덜 수 있다. 불운한 사건을 마음에서 내려놓을 수 있다.

1단계 —— 당신이 품고 있는 후회 중 한 가지를 말해 보자.

예 　소중한 우정을 깨뜨렸다, 다른 사람이 불공평하게 나를 비난했을 때 스
스로를 위해 목소리를 내지 않았다, 외국어를 배우지 않았다.

2단계 —— 머릿속에서 그 후회를 설명하기 위해 만들어 낸 이야기를 살펴보자.

그 이야기는 당신이 나쁜 친구라는 생각이 들게 하는가? 아니면 당신이 겁쟁
이거나 게으른 사람이라는 생각이 들게 하는가?

3단계 —— **간단한 질문에 답해 보자. "이 이야기는 사실인가?"**

이 질문으로 당신의 뇌와 내면의 비평가가 거짓 이야기를 유포하려고 한다는 사실을 알 수 있다.

예 친구가 당신의 전화를 피했기 때문에 우정에 금이 갔다. 더 긴급한 문제를 신경 쓰느라 결백을 밝힐 여유가 없었다. 한정된 시간을 가족과 함께 하는 데 쓰고 싶어서 외국어 공부는 다음으로 미뤘다.

당신 머릿속의 이야기를 의심하다 보면 꼬리에 꼬리를 무는 자기 비난에 빠지지 않는다. 또한 본능적으로 자신을 비난하거나 질책하지 않고 불행한 사건이 일어난 이유를 객관적으로 살펴볼 수 있다. 그렇게 된다면 불행한 사건과 그로 인한 후회를 놓아 버리고 앞으로 나아가게 될 것이다.

과거에 집착하는 건 자연스러운 현상이다. 우리는 좋았던 순간을 애정 어린 마음으로 기억하면서 진정한 기쁨과 행복을 가져다주었던 사건을 머릿속에서 되새긴다. 힘들었던 순간을 아쉬움을 담아 떠올리면서 슬픔과 분노, 또는 외로움을 곱씹고 되풀이해서 회상한다.

기억은 우리 삶에 지식을 전달한다. 과거로 돌아가 깨달음을 얻고 현재 또는 미래에서 그 통찰을 이용한다. 그래서 흔히 "과거에서 배운다"라고 말한다.

하지만 우리는 쉽게 과거에 갇혀버린다. 고통스러운 기억, 그 기억으로 인한 부정적인 감정이 우리를 괴롭히고 발목을 붙잡는다. 이 감정을 그대로 놔두면 젖은 옷처럼 우리에게 달라붙어서 돌이킬 수 없는 과거에 집착하게 된다. 후회는 영원한 동지가 되어 진정한 감정의 자유를 즐기지도 못한다. 과거의 교훈을 통해 성장하기보다는 오히려 과거에 억눌려서 한 발자국도 나아갈 수가 없다. 특히 너무 큰 상처를 받아 압도당했을 경우에는 여기에서 빠져나오기가 쉽지 않다.

내가 이 책을 쓴 건 당신이 이러한 억압에서 벗어나 불필요하게 고통스러운 심리적 작용을 무너뜨릴 수 있도록, 그래서 멘탈을 회복시킬 수 있도록 돕기 위해서였다. 끈질긴 자기 비난과 질책의 목소리를 침묵시키고 자신에게 연민과 동정, 참을성을 보여줄 수 있는 도구를 전달하고 싶었다. 이것이야말로 건강한 인간관계와 만족스러운 직장 생활, 그리고 결국에는 더 생산적이고 보람찬 인생을 즐기기 위한 길이라는 점을 확신한다.

여기까지 먼 길을 걸어왔다. 우리는 매우 다양한 아이디어와 개념을 나누었다. 오늘부터 당장 활용할 수 있는 수많은 전략들도 살펴보았다. 그 과정에서 실전 트레이닝에 열심히 참여했다면 당신은 이미 스트레스와 후회, 정신적 고통이 줄어든 즐거운 삶으로 가는 길 위에 있는 것이다. 당신의 노력에 아낌없는 찬사를 보낸다!

아직 제대로 트레이닝을 시작하지 않았다면 기대해도 좋다. 당신의 시간과 집중력, 에너지를 투자해야겠지만, 결국에는 무겁게 짓누르는 부정적인 생각과 감정을 내려놓는 데 큰 도움을 받을 것이다.

마지막으로 한 가지 더 덧붙이고 싶다. 화가 나고, 우울하고, 삶에 억압당하는 느낌이 들 때마다, 멘탈이 조각조각나서 그러모을 힘도 없다고 느낄 때마다 이 책을 다시 찾아오기를 권한다. 반드시 책 전체를 다시 읽어야 할 필요는 없다. 간단하게 차례를 훑어보고 그 순간 당신의 마음을 울리는 부분을 들춰 보기를 바란다.

당신이 소망하고 마땅히 누려야 할 모든 행복을 만끽하길 기원한다. 인생의 모든 여정을 즐겨라!

옮긴이

안솔비

글밥 아카데미 수료 후 바른번역 소속 번역가로 활동하고 있다. 어릴 때부터 우리말과 영어를 좋아했고 현재는 두 언어에 발을 담그고 일한다. 옮긴 책으로《정원을 가꾸는 오래된 지혜》,《숨 쉴 때마다 새로운 내가 된다면》,《완벽이 아닌 최선을 위해》가 있다.

멘탈을 회복하는 연습

초판 1쇄 발행 2023년 9월 4일
초판 6쇄 발행 2023년 10월 13일

지은이 데이먼 자하리아데스
옮긴이 안솔비

펴낸이 이정아 **경영 자문** 박시형
펴낸곳 서삼독

책임편집 오민정
마케팅 이주형, 양근모, 권금숙, 양봉호 **온라인홍보팀** 현나래, 신하은, 최혜빈
해외기획 우정민, 배혜림 **디지털콘텐츠** 김명래, 최은정, 김혜정
경영지원 홍성택, 김현우, 강신우 **제작** 이진영

출판신고 2006년 9월 25일 제406-2006-000210호
주소 서울시 마포구 월드컵북로 396 누리꿈스퀘어 비즈니스타워 18층
전화 02-6712-9862 팩스 02-6712-9810 **이메일** info@smpk.kr

ⓒ 데이먼 자하리아데스(저작권자와 맺은 특약에 따라 검인을 생략합니다)
ISBN 979-11-6534-812-0 03190

- 서삼독은 ㈜쌤앤파커스의 임프린트입니다.
- 이 책은 저작권법에 따라 보호받는 저작물이므로 무단전재와 무단복제를 금지하며,
  이 책 내용의 전부 또는 일부를 이용하려면 반드시 저작권자와 출판사의 서면동의를 받아야 합니다.
- 잘못된 책은 구입하신 서점에서 바꿔드립니다.
- 책값은 뒤표지에 있습니다.